M. Berger • C. Normann

Highlights in Psychiatrie und Psychotherapie 2005 • 2006

M. Berger • C. Normann

Highlights in Psychiatrie und Psychotherapie 2005 • 2006

ELSEVIER
URBAN & FISCHER
URBAN & FISCHER
München • Jena

Zuschriften und Kritik an:
Elsevier GmbH, Urban & Fischer Verlag, Lektorat Medizin, Ursula Jahn, Karlstraße 45, 80333 München
E-Mail: u.jahn@elsevier.com

Wichtiger Hinweis für den Benutzer

Die Erkenntnisse in der Medizin unterliegen laufendem Wandel durch Forschung und klinische Erfahrungen. Herausgeber und Autoren dieses Werkes haben große Sorgfalt darauf verwendet, dass die in diesem Werk gemachten therapeutischen Angaben (insbesondere hinsichtlich Indikation, Dosierung und unerwünschten Wirkungen) dem derzeitigen Wissensstand entsprechen. Das entbindet den Nutzer dieses Werkes aber nicht von der Verpflichtung, anhand der Beipackzettel zu verschreibender Präparate zu überprüfen, ob die dort gemachten Angaben von denen in diesem Buch abweichen, und seine Verordnung in eigener Verantwortung zu treffen.

Bibliografische Information der Deutschen Bibliothek
Die Deutsche Bibliothek verzeichnet diese Publikation in der Deutschen Nationalbibliografie; detaillierte bibliografische Daten sind im Internet unter http://dnb.ddb.de abrufbar.

1. Auflage 2006

Der Urban & Fischer Verlag ist ein Imprint der Elsevier GmbH.

06 07 08 09 10 5 4 3 2 1 0

Planung und Lektorat: Ursula Jahn, M.A., München
Redaktion: Petra Stenger, Penzing
Herstellung: Sibylle Hartl, Valley
Satz: abc.Mediaservice GmbH, Buchloe
Druck und Bindung: Printer Trento, Trento, Italien
Umschlaggestaltung: SpieszDesign, Neu-Ulm

ISBN 3-437-24150-8

Inhalt

Vorwort

Im letzten Jahr übersetzten wir die „Psychiatrie-Highlights“ der englischen „Fast-facts“-Reihe. Die positive Aufnahme dieses Buches hat uns dazu bewogen, in diesem Jahr eine eigenständige deutsche Buchreihe mit dem Titel **Highlights in Psychiatrie und Psychotherapie** zu starten, die künftig jährlich zum DGPPN-Kongress erscheinen soll. Wir möchten prägnant und fundiert über wichtige aktuelle Themen in Psychiatrie und Psychotherapie informieren. Die Kapitel spiegeln die Vielfalt und Dynamik des Gebiets, einschließlich des deutschen Beitrages dazu, wider.

Experten berichten über wichtige, klinisch relevante Fortschritte ihres Themengebietes. Wir hoffen, dass deutlich wird, dass zunehmend Schulendenken und Autoritätenmeinung durch eine evidenzbasierte Medizin und Psychologie abgelöst werden.

Die Buchreihe versteht sich auch als aktuelle Ergänzung zum von uns herausgegebenen Lehrbuch „Psychische Erkrankungen“, erschienen im selben Verlag. Wir danken dem Elsevier-Verlag und insbesondere Frau Ursula Jahn für die intensive Unterstützung bei der Verwirklichung dieses Buches sowie den Autoren für die produktive und schnelle Zusammenarbeit.

Freiburg, im Juli 2005

Mathias Berger und
Claus Normann

Stand der Forschung zu innovativen Therapieverfahren der Alzheimer-Demenz

Christoph Hock und Roger M. Nitsch
Psychiatrische Universitätsklinik, Zürich

Die Alzheimer-Krankheit ist eine progrediente, degenerative Hirnerkrankung, die zum Abbau von Gedächtnis und Orientierung und schließlich zum Tod führt. Sie ist die häufigste Demenzform des höheren Lebensalters. Das wichtigste neuropathologische Merkmal ist die cerebrale Ablagerung von Beta-Amyloid, einem abnorm gefalteten, 40–42 Aminosäuren langen Peptid, in Form von sog. Beta-Amyloid-Plaques. Beta-Amyloid-Ablagerungen und deren Vorstufen, Beta-Amyloid-Oligomere, -Protofibrillen und -Fibrillen, führen zu erhöhter neuronaler Vulnerabilität, Zelltod und Bildung intrazellulärer neurofibrillärer Bündel. Bei der Entwicklung von ursächlichen Therapien der Alzheimer-Krankheit ist daher die Reduktion von Beta-Amyloid im Gehirn das zentrale therapeutische Target. Die neuen Therapieansätze werden in transgenen Mausmodellen für Alzheimer getestet. Diese transgenen Mäuse tragen Mutationen von Patienten mit familiärer Alzheimer-Demenz mit frühem Beginn und entwickeln Beta-Amyloid-Plaques im Gehirn sowie Lern- und Gedächtnisstörungen. Zu den wichtigsten Amyloid-senkenden Therapieansätzen gehören Hemmung der Beta-Amyloid-Produktion (z.B. durch Beta- und Gamma-Sekretasehemmer), Hemmung der Beta-Amyloid-Aggregation (z.B. Metall-Chelatoren, Beta-sheet-breakers) und Abbau (Clearance) von Beta-Amyloid aus dem Gehirn (Immunisierung).

Immunisierung – Studien an transgenen Mausmodellen

Immunisierung gegen ein Antigen kann in aktiver und passiver Form erfolgen. Das Grundprinzip der aktiven Immunisierung beruht auf der Präsentation von Beta-Amyloid in aggregierter Form (Fibrillen) als Antigen in Verbindung mit einem immunogenen Adjuvans (Vakzine). Nach Injektion der Vakzine erfolgt die Erkennung des Antigens als körperfremd mit nachfolgender humoraler (Bildung von Antikörpern gegen Beta-Amyloid durch B-Lymphozyten) und zellulärer (Bildung antigenspezifischer T-Zellen) Immunantwort. Bei der passiven Immunisierung erfolgt die Gabe von Antikörpern gegen Beta-Amyloid direkt durch Injektion z.B. in das venöse Blutsystem. In transgenen Mausmodellen haben aktive und passive Immunisierungstherapien gegen Beta-Amyloid sowohl zu einer Reduktion der Amyloid-Plaques als auch zu einer Restoration der Lernstörungen geführt [8]. Die essentielle Rolle von spezifischen Antikörpern gegen Beta-Amyloid wurde dabei experimentell überzeugend dokumentiert, z.B. durch Nachweis des Abbaus von Amyloid-Plaques nach direkter Applikation von Antikörpern auf die Gehirnoberfläche von transgenen Mausmodellen und Nachweis der Passage von Antikörpern gegen Beta-Amyloid nach aktiver Immunisierung durch die Bluthirnschranke. Zu den weiteren involvierten Mechanismen gehören wahrscheinlich Phagozytose durch Microgliazellen, Antikörper-vermittelte Disaggregation von Beta-Amyloid-Fibrillen und Proteolyse durch Endopeptidasen (z.B. NEP, IDE) oder peripherer Beta-Amyloid-Abbau mit nachfolgender Reduktion von Beta-Amyloid im Gehirn („amyloid-sink hypothesis“).

Immunisierung – klinische Studien

Aufgrund der überzeugenden Ergebnisse in transgenen Mausmodellen wurde eine klinische Phase-I-Studie zur aktiven Immunisierung mit Beta-Amyloid mit Ziel der Überprüfung von Sicherheit und Verträglichkeit in England und USA bei Patienten mit leicht bis mittelgradiger Alzheimer-Krankheit durchgeführt. Nach Behandlung von über 100 Patienten wurde eine multizentrische Phase-II-Studie in Europa und USA initiiert, zur Fortführung der Sicherheitsanalysen und Erhebung erster Wirksamkeitsparameter. Die Phase-II-Studie wurde an 372 Patienten mit leichter bis mittelgradiger Alzheimer-Krankheit durchgeführt. Die Immunisierungen mussten jedoch bereits nach der 2. von 6–8 geplanten Injektionen abgebrochen werden, da bei 6% der Patienten (18 von 298 mit Verum behandelten Patienten) schwere Nebenwirkungen in Form von aseptischen Meningoenzephalitiden aufgetreten waren [5]. Bei 12 der 18 betroffenen Patienten klangen die Entzündungen, meist unter Cortison-Therapie, vollständig ab und hinterließen keine klinischen Folgen. Sechs Patienten waren jedoch kognitiv schlechter als vor der Nebenwirkung, zwei Patienten zeigten zusätzlich bleibende neurologische Defizite. Ein Patient verstarb mehrere Monate nach Auftreten der Enzephalitis an den Folgen einer Pneumonie. Derzeit wird intensiv nach den Ursachen dieser Nebenwirkung gesucht. Wahrscheinlich enthielt der Impfstoff zu starke T-Zell-aktivierende Komponenten, die zu einer Überreaktion des Immunsystems führten.

An der Universität Zürich wurde die Schweizer Studienkohorte von 30 Patienten sorgfältig weiter betreut und im Verlauf klinisch untersucht. Mithilfe von molekularen Analysen der Patientenseren auf Hirnschnitten transgener Mäuse konnte gezeigt werden, dass die Impfung von Patienten mit Alzheimer-Krankheit mit synthetisch hergestelltem Beta-Amyloid zur Bildung von spezifischen Antikörpern führte [3]. Diese Antikörper waren im Blutserum der Patienten nachweisbar. Die Antikörper reagierten mit Beta-Amyloid-Ablagerungen in Plaques und in Blutgefäßen des Gehirns – den beiden wichtigsten krankhaften Ablagerungsformen des Beta-Amyloids in Gehirnen von Alzheimer-Patienten. Die hohe Spezifität der Antikörper gegen die krankhaften Strukturen bei gleichzeitiger Abwesenheit unerwünschter Kreuzreaktionen mit normalen Zellen des Gehirns wies darauf hin, dass die therapeutische Grundidee der Immunisierung funktioniert hatte.

Klinische Follow-up-Untersuchungen der Zürcher Kohorte von 30 Patienten ergaben zusätzlich Hinweise für eine Verzögerung des kognitiven Abbaus und der Progression der Alzheimer-Erkrankung im Zusammenhang mit der Bildung von Antikörpern gegen Beta-Amyloid [4]. Der Vergleich mit den Patienten ohne Antikörper ergab, dass die Bildung von Antikörpern gegen Beta-Amyloid mit einem verzögerten Abbau in den Bereichen Gedächtnis und Alltagskompetenzen assoziiert war. Dies galt auch für diejenigen Patienten mit Antikörpern, bei denen im Verlauf eine passagere Meningoenzephalitis aufgetreten war. Damit konnte zum ersten Mal gezeigt werden, dass die Bildung von Antikörpern gegen Beta-Amyloid eine Verzögerung des Verlaufs der Alzheimer-Erkrankung bewirkt. Patienten mit einem hohen Antikörpertiter waren im Verlauf der einjährigen Studienphase vor dem Fortschreiten der Erkrankung geschützt. Um den klinischen Effekt nachzuweisen, wurde in Zürich ein neuer biochemischer Test unter Verwendung von Gewebeschnitten aus dem Gehirn transgener Mäuse entwickelt. Der Test erfasst die Qualität der Antikörper durch Messung der Bindungsintensität an Beta-Amyloid-Plaques. Dieser aufwendige biochemische Test (TAPIR Assay; tissue amyloid plaque immunoreactivity assay) machte den klinischen Nutzen von Antikörpern gegen Beta-Amyloid hinsichtlich der Verzögerung des Krankheitsverlaufs sichtbar. Einfachere ELISA-Tests zur Bestimmung der Antikörpermenge reichten nicht aus. Die kürzlich auf dem internationalen Alzheimer-Meeting in Montreal vorgestellten Ergebnisse aus der Multicenter-Studie wiesen ebenfalls auf positive Effekte bei Patienten mit Antikörpern hin, selbst mit einfacheren ELISA-Tests gemessen [5]. Um den prädiktiven Wert des TAPIR-Assays im Vergleich zum ELISA-Test zu überprüfen, werden derzeit alle Patienten der Multicenter-Studie mit Hilfe des TAPIR-Assays ausgewertet.

Immunisierung – neuropathologische Studien

Sind die Antikörper gegen Beta-Amyloid in der Lage, ähnlich wie in den transgenen Mausmodellen, den Abbau der Amyloid-Plaques durch Microgliazellen zu initiieren? Hinweise dafür ergaben sich aus einer neuropathologischen Fallstudie eines Patienten, der an der Phase-I-Studie in England teilgenommen hatte und ca. 1 Jahr nach den Immunisierungen an den Folgen einer Lungenembolie gestorben war [6]. Im Vergleich zu den üblichen Befunden im Gehirn von Alzheimer-Patienten wies dieser Fall folgende ungewöhnliche Merkmale auf:

- es gab große Regionen im Neocortex mit auffällig wenig Beta-Amyloid-Plaques;
- diese Bereiche enthielten jedoch neurofibrilläre Bündel, Neuropilfäden und zerebrale Amyloidablagerungen und somit Hinweise für die typische Alzheimer-Neuropathologie; neben Amyloid-Plaques fehlten auch dystrophische Neuriten und Astrocyten-Cluster;
- in einigen Regionen mit wenig Amyloid-Plaques zeigte sich immunhistochemisch Amyloid-Anfärbung verbunden mit Microgliazellen;
- es gab Zeichen für T-lymphozytäre Meningoenzephalitis.

Zusammenfassend ergaben sich damit sowohl Hinweise für entzündliche Vorgänge als auch für eine Clearance von Amyloid-Plaques aus dem Gehirn, ähnlich wie in den transgenen Mausmodellen. Eine weitere neuropathologische Untersuchung eines Falles aus der Phase-II-Studie kam zu ähnlichen Ergebnissen [1].

Immunisierung – Schlussfolgerungen

Die aktive Immunisierung gegen Beta-Amyloid führt zur Reduktion der Beta-Amyloid-Plaques im Gehirn und zu einer Restoration der Gedächtnisstörungen in transgenen Mausmodellen für Alzheimer-Krankheit. Immunisierung gegen Beta-Amyloid bei Patienten mit Alzheimer-Krankheit zeigte in 6% der Fälle schwere Nebenwirkungen in Form von aseptischen Meningoenzephalitiden. Diese Entzündungen waren unabhängig von der Antikörper-Bildung und wahrscheinlich induziert durch eine T-Zell-Reaktion. Auf der anderen Seite führte die Immunisierung gegen Beta-Amyloid zur Bildung hochspezifischer Antikörper gegen Beta-Amyloid-Plaques, verbunden mit Hinweisen für eine klinische Stabilisierung. Außerdem ergaben sich Hinweise für eine Amyloid-Clearance aus dem Gehirn. Die Verbesserung von Sicherheit und Verträglichkeit der Immunisierungstherapie, das Ausschalten der potenziellen Nebenwirkungen sowie das Erreichen eines langfristigen Therapieeffektes werden derzeit in das Zentrum der Forschungsaktivitäten gestellt. Dazu werden modifizierte aktive wie auch passive (humanisierte monoklonale Antikörper) Immunisierungsstrategien entwickelt.

Weitere Amyloid-senkende Therapiestrategien

Wie oben erwähnt, gibt es verschiedene weitere Strategien der Amyloidsenkung zur Therapie der Alzheimer-Demenz. Eine Hemmung der Beta-Amyloid-Produktion soll erreicht werden durch Hemmung der Proteasen, die das Abeta-Molekül aus dem Vorläufer-Protein (Amyloid Precursor Protein, APP) herausschneiden (Beta- und Gamma-Sekretasehemmer) sowie durch Stimulation der Protease, die das APP-Molekül inmitten der Abeta-Sequenz schneidet und dadurch eine Bildung von Abeta-Molekülen ausschließt (Stimulation der Alpha-Sekretase). Eine Hemmung der Beta-Amyloid-Aggregation wird durch Einsatz von Metall-Chelatoren (z.B. Clioquinol) oder anderen Substanzen (z.B. Peptide), die die Beta-Faltblatt-Struktur des Amyloids auseinander brechen (Beta-sheet-breakers), versucht [2, 7]. Weitere Ansätze zielen auf eine Reduktion der Amyloidbildung über antiinflammatorische Effekte von NSAIDS ab, wobei die im Modell wirksamen Substanzen Gamma-Sekretase-Eigenschaften aufwiesen und erste prospektive klinische Studien keine Wirksamkeit zeigten. Ebenso enttäuschend fielen klinische prospektive Studien mit Östrogen-Replacement-Therapien aus. Ein anderer Ansatz versucht den Einfluss des Cholesteringehalts der

Innovative Therapieverfahren der Alzheimer-Demenz – *aktuell*

Was ist in?

- Reduktion von Beta-Amyloid-Ablagerungen im Gehirn als therapeutisches Target
- Aktivierung von Immunmechanismen zur Reduzierung von Amyloid-Plaques

Was ist out?

- Alzheimer-Erkrankung als unheilbare und unbeeinflussbare Erkrankung
- Hoffnung auf schnelle Einführung der Alzheimer-Impfung

Zellmembran auf die Amyloid-Bildung auszunutzen und hofft deshalb auf Amyloidsenkung via cholesterinsenkender Wirkung von Statinen. Sämtliche der genannten Ansätze befinden sich in späten präklinischen oder frühen klinischen Versuchsstadien.

Literatur

1. Ferrer I, Boada Rovira M, Sanchez Guerra ML, Jesus Rey M, Costa Jussa F. Neuropathology and Pathogenesis of Encephalitis Following Amyloid-Beta Immunization in Alzheimer's Disease. *Brain Pathol* 2004; 14:11–20.

2. Hardy J, Selkoe DJ. The amyloid hypothesis of Alzheimer's disease: Progress and problems on the road to therapeutics. *Science* 2002; 297:353–356.

3. Hock C*, Konietzko U*, Papassotiropoulos A, Wollmer A, Streffer J, von Rotz R, Davey G, Moritz E, Nitsch RM. Generation of antibodies specific for beta-amyloid by vaccination of patients with Alzheimer disease. *contributed equally, *Nat Med* 2002; 8(11):1270–5.

4. Hock C, Konietzko U. Streffer JS, Tracy J, Signorell A, Müller-Tillmanns B, Lemke U, Henke K, Moritz E, Garcia E, Wollmer MA, Umbricht D, de Quervain DJF, Hofmann M, Maddalena A, Papassotiropoulos A, Nitsch RM. Antibodies against beta-amyloid slow cognitive decline in Alzheimer's Disease. *Neuron* 2003; 22; 38(4):547–554.

5. Orgogozo J-M, Gilman S, Dartigues J-F, Laurent B, Puel M, Kirby LC, Jouanny P, Dubois B, Eisner L, Flitman S, Michel BF, Boada M, Frank A and Hock C. Subacute meningoencephalitis in a subset of patients with AD after Abeta42 immunization. *Neurology* 2003; 61:46–54.

6. Nicoll JA, Wilkinson D, Holmes C, Steart P, Markham H, and Weller RO. Neuropathology of human Alzheimer disease after immunization with amyloid-beta peptide: a case report. *Nat Med* 2003; 9:448–452.

7. Ritchie CW, Bush AI, Mackinnon A, et al. Metal-protein attenuation with Iodochlorhydroxyquin (Clioquinol) targeting Abeta-amyloid deposition and toxicity in Alzheimer disease. *Arch Neurol* 2003; 60:1685–1691.

8. Schenk D. Amyloid-beta immunotherapy for Alzheimer\qs disease: the end of the beginning. *Nat Rev Neurosci* 2002; 3:824–828.

9. Bundesärztekammern (Hrsg.). Fortschritt und Fortbildung in der Medizin, Band 29. Berlin, 2005/2006: ISSN 0 170–3331.

Hashimoto-Enzephalitis – eine zunehmend häufiger erkannte Ursache psychiatrischer Störungen

Michael Hüll und Marie Kristin Hauenstein
Abteilung Psychiatrie und Psychotherapie, Universitätsklinikum Freiburg

Über ein Jahr wechselnd ausgeprägte Halluzinationen, Merkfähigkeitsstörungen und delirante Episoden bei einem 48-jährigen Mann wurden erstmals 1966 in Zusammenhang mit einer Hashimoto-Thyreoiditis gebracht und der Begriff der Hashimoto-Enzephalitis geprägt. Während bis 1995 insgesamt 15 Publikationen zu diesem Thema beitrugen, finden sich in den letzten 10 Jahren 105 Publikationen, meist Fallberichte, wobei Hashimoto-Enzephalitiden zunehmend als Ursachen psychiatrischer Syndrome auffielen [1–4]. Angesichts des guten Ansprechens auf eine Steroidtherapie ist eine wachsende Aufmerksamkeit für dieses Krankheitsbild wünschenswert. Hier erfolgt eine summarische Betrachtung der Datenlage zur Hashimoto-Enzephalitis aufgrund von Fallberichten bis zum Jahr 2005.

Epidemiologie

Der japanische Pathologe Hakaru Hashimoto beschrieb 1912 entzündliche Veränderungen der Schilddrüse, die später nach ihm benannte Hashimoto-Thyreoiditis. Dabei finden sich diffuse entzündliche Infiltrate aus T-Lymphozyten und Plasmazellen sowie die Produktion von Antikörpern gegen Schilddrüsenantigene (Antikörper gegen mikrosomale Antigene (AMA), gegen Thyrosinperoxidase (TPO) und Thyreoglobulin (ATH)). Der Häufigkeitsgipfel der Hashimoto-Thyreoiditis liegt in der 5. Lebensdekade mit einer Prävalenz von 5–15% bei Frauen, 1–5% bei Männern [5].

Tabelle 1 Verteilung des Erkrankungsalters bei einer Hashimoto-Enzephalitis aufgrund von 175 Fallberichten

Alter	Gesamt	Männer	Frauen
0–10	2	0	2
11–20	24	4	20
21–30	9	0	9
31–40	22	7	15
41–50	31	7	24
51–60	40	9	31
61–70	29	11	18
71–80	17	3	14
81–90	1	0	1

Sichere epidemiologische Daten zur Prävalenz der Hashimoto-Enzephalitis liegen nicht vor, aufgrund einer krankenhausbasierten Reihenuntersuchung wurde eine Prävalenz von 2 auf 100.000 geschätzt [6]. Die Hashimoto-Enzephalitis tritt unabhängig von einer hypo- oder hyperthyreoten Stoffwechsellage auf. Bei einem medianen Erkrankungsalter von 50 Jahren und einem Überwiegen des weiblichen Geschlechts (3:1) wurden auch Krankheitsfälle bei Kindern und im hohen Alter beschrieben. Bei fehlendem Anhalt für einen Anstieg der Inzidenz der Erkrankung und einer deutlichen Zunahme von Fallberichten ist von einer zunehmenden Sensibilisierung und steigenden Entdeckungsrate auszugehen.

Diagnostische Kriterien für eine Hashimoto-Enzephalitis

Aufgrund eines fehlenden sicheren diagnostischen Markers beruht die Stellung der Verdachtsdiagnose einer Hashimoto-Enzephalitis auf dem Erfüllen bestimmter Kriterien und dem Ausschluss häufiger anderer Krankheitsursachen. Als starker

Tabelle 2 Kriterien für eine Verdachtsdiagnose für eine Hashimoto-Enzephalitis

A	Mindestens eines der folgenden Symptome: • ungeklärte Serien generalisierter Anfälle • Myoklonien • fokale neurologische Defizite • psychiatrische Störungen
B	Mindestens drei der folgenden Merkmale: • auffälliges EEG • erhöhte AK gegen Schilddrüsenantigene • erhöhte Liquorproteine • auffälliges CT / MRI • rascher und umfassender Respons auf Steroide
C	Ausschluss: • virale/bakterielle Enzephalitis • metabolische Störung • paraneoplastisches Syndrom

Hinweis auf das tatsächliche Vorliegen einer Hashimoto-Enzephalitis wird auch das rasche Ansprechen auf eine hochdosierte Steroidtherapie gewertet. Ein Vorschlag für diagnostische Kriterien für die Verdachtsdiagnose einer Hashimoto-Enzephalitis findet sich in Tabelle 2 [modifiziert nach 7].

Kriterium A

Während beim Auftreten von Krampfanfällen oder fokalen neurologischen Symptomen rasch eine intensivierte hirnorganische Diagnostik erfolgt, kann eine Hashimoto-Enzephalitis auch allein durch psychiatrische Symptome in Erscheinung treten. Die Vielfalt psychiatrischer Symptome im Rahmen einer Hashimoto-Enzephalitis, z.B. kognitive Defizite (58%), Verwirrtheitsepisoden (52%), depressiv-apathische Syndrome (47%) und psychotische Symptome (38%), erklären initiale Verdachtsdiagnosen wie Alzheimer-Demenz, Creutzfeldt-Jakob-Erkrankung oder psychotische Depression. Insofern sollten bei atypischen

Verläufen die weiteren Kriterien für eine Verdachtsdiagnose auf eine Hashimoto-Enzephalopathie untersucht werden.

Kriterium B

Auffälliger elektroenzephalographischer Befund. Bisher wurden bei 164 Patienten mit einer Hashimoto-Enzephalopathie elektroenzephalographische Befunde berichtet. In 91% fanden sich pathologische Befunde (Allgemeinveränderungen 68%, Theta- und Delta-Aktivität 26%, scharfe Wellen 18%, bi- bzw. triphasische Wellen 7%). Die EEG-Ableitung stellt damit ein sensitives, wenn auch wenig spezifisches Diagnoseinstrument dar.

Antikörper gegen Schilddrüsenantigene. Bezüglich der Antikörper (AK) gegen Epitope der Schilddrüse wurden die Titer von Anti-mikrosomalen-AK (AMA/TPO) und AK gegen Thyreoglobulin (ATH) im peripheren Blut untersucht. Bei 127 auf AMA/TPO untersuchten Patienten fand sich bei 115 Patienten (91%) ein erhöhter Titer. Der Median der AMA-/TPO-Werte lag bei 1:6.400. Bei 125 bzgl. ATH untersuchten Patienten fand sich in 70% ein erhöhter Titer, Median 1:1.600. Ein Zusammenhang zwischen der Höhe des AK-Titers und der Schwere der auftretenden Symptome ist nicht zu ermitteln [8].

Befunde im Liquor zerebrospinalis. In 85% der Fälle fand sich bei einer Hashimoto-Enzephalitis ein auffälliger Liquorbefund in Form von erhöhten Proteinkonzentrationen (Median: 0,82 g/l). In 9% wurde eine Pleozytose berichtet (v.a. der Lymphozyten), in 35% oligoklonale Banden.

Bildgebende Verfahren. Ein zerebrales MRT war nur in 42% der Fälle auffällig, ein CT nur in 21%. Häufig fand sich im MRT eine Signal-Hyperintensität in der T2-gewichteten Messung in der weißen Substanz. In 21% zeigte sich eine Anreicherung mit Gadolinium. SPECT- bzw. PET-Untersuchungen zeigten, falls durchgeführt, in ca. der Hälfte der Fälle unauffällige Befunde, sonst fokale hypoperfundierte oder hypometabole Areale. In etwa einem Sechstel der Fälle fand sich in der zerebralen Bildgebung eine mehr oder weniger ausgeprägte Atrophie, diese fand sich insbesondere bei Patienten mit längerem, schleichendem Verlauf [9].

Respons auf hochdosierte Steroide. Die am häufigsten bei Verdachtsfällen durchgeführte Therapie ist die Hochdosistherapie mit Steroiden. Bei 128 von 134 so behandelten Patienten (96%) zeigte sich die Erkrankung sensibel gegen diese Behandlung, so dass eine Besserung bzw. eine komplette Remission der Symptome eintrat. In der Regel trat die Wirkung sehr schnell innerhalb weniger Tage ein (Median: 5 Tage). 29 Fallberichte von einer Spontanbesserung ohne spezifische Therapie liegen vor, jedoch scheint es nach Spontanremissionen häufig zu Rezidiven zu kommen, die jedoch auch nach Abschluss oder Reduktion einer Steroidtherapie auftreten können.

Kriterium C

Für den Ausschluss infektiöserer Enzephalitiden sollte insbesondere die Zellzahl im Liquor (Anhaltspunkte für virale oder bakterielle Enzephalitiden) sowie die Bestimmung entsprechender DNA bzw. Antikörper bei Verdacht auf HSV, HIV oder TBC durchgeführt werden. Gerade bei der Überlegung zu einer Steroidtherapie müssen aktive infektiöse Hirnprozesse ausgeschlossen sein. Ebenso sollten bei entsprechender Symptomatik die typischerweise bei einer paraneoplastischen Enzephalitis anzutreffenden AK bestimmt werden. Eine Beteiligung der hirnversorgenden Gefäße bei systemischen Vaskulitiden wie der Panarteriitis nodosa, Arteriitis temporalis, der Wegener-Granulomatose oder Vaskulitiden im Zusammenhang mit Kollagenosen (SLE, Sklerodermie, Sjörgen-Syndrom etc.) sollten erwogen werden. Häufig finden sich bei diesen Erkrankungen im Rahmen einer zerebralen Beteiligung bunte klinische Bilder mit multifokalen Ausfällen, kognitiven Einbußen, affektiven Störungen und psychotischen Symptomen [10].

Pathologie und Pathophysiologie. Die Ergebnisse einer Biopsie bzw. Autopsie wurde in 12 Fällen berichtet. Bei 11 dieser Patienten (91,67%) zeigten sich Infiltrate von Lymphozyten oder eine Vaskulitis.

Ausblick

Ochi et al. schlugen 2002 als Marker für eine Hashimoto-Enzephalitis den Nachweis von AK gegen die menschliche α-Enolase vor, die in Gehirn, Schilddrüse und im Gefäßendothel nachweisbar ist. Sie fanden bei 60% der Patienten mit Hashimoto-Enzephalitis AK gegen α-Enolase, während Patienten mit einer Hashimoto-Thyreoiditis ohne Enzephalitis zumeist (ca. 95%) keine AK gegen α-Enolase aufwiesen [11]. Der Wert dieses und weiterer Marker muss erst noch etabliert werden [12]. Aufgrund der hohen therapeutischen Relevanz der Erkennung einer steroid-responsiven Enzephalopathie ist die weitere Erforschung entsprechender Marker klinisch von hoher Bedeutung. Aus neuester Zeit liegen auch Fallberichte zu erfolgreichen Therapien mittels Immunglobuline oder Plasmapherese vor [13–15].

Wegen des unklaren Zusammenhangs zwischen manifester Hashimoto-Thyreoditis und autoimmuner Enzephalitis wird von einigen Autoren gefordert, den bisher gebräuchlichen Begriff der „Hashimoto-Enzephalitis" zugunsten der rein deskriptiven Bezeichnung „steroid-responsive Enzephalopathie assoziiert mit autoimmuner Thyreoditis" [SREAT; 16] zu verlassen. Bis zu einem breiteren Konsens zur Abgrenzung verschiedener Entitäten unter den steroidsensitiven primären Enzephalitiden erscheint die Fortführung des Begriffes der Hashimoto-Enzephalitis für Patienten, die die oben beschriebenen Kriterien erfüllen und insbesondere AMA/TPO positiv sind, sinnvoll.

Hashimoto-Enzephalitis – *aktuell*

Was ist in?

- Hashimoto-Enzephalitis als Differenzialdiagnose in Betracht ziehen.
- Antikörper gegen TPO/AMA bestimmen.
- Einordnung als Autoimmun-Enzephalitis ohne Zusammenhang zu Schilddrüsenstoffwechsellage.

Was ist neu?

- Eventuell bald neue Antikörper als Marker verfügbar.
- Eventuell Plasmapherese oder Immunglobuline bei fehlendem Ansprechen auf Steroide sinnvoll.

Was ist problematisch?

- Wissensstand beruht auf Einzelfallberichten.
- Nur wenige Fälle histopathologisch untersucht.
- Diagnostik vor probatorischer Steroidtherapie muss einen ZNS-Infekt ausschließen.

Literatur

1. Seipelt M, Zerr I, Nau R, Mollenhauer B, Kropp S, Steinhoff BJ, Wilhelm-Gossling C, Bamberg C, Janzen RW, Berlit P, Manz F, Felgenhauer K, Poser S.Hashimoto\qs encephalitis as a differential diagnosis of Creutzfeldt-Jakob disease. *J Neurol Neurosurg Psychiatry* 1999; 66(2):172–6.
2. Creutzfeldt CJ, Haberl RL. Hashimoto Encephalopathy: a do-not-miss in the differential diagnosis of dementia. *J Neu*rol 2005 Epub ahead of print.
3. Spiegel J, Hellwig D, Becker G, Muller M. Progressive dementia caused by Hashimoto\qs encephalopathy – report of two cases. *Eur J Neurol.* 2004; 11:711–3.

4. McKeon A, McNamara B, Sweeney B. Hashimoto\qs encephalopathy presenting with psychosis and generalized absence status. *J Neurol* 2004; 251(8):1025–7.
5. Dayan CM, Daniels GH Chronic autoimmune thyroiditis. *N Engl J Med* 1996; 335(2):99–107.
6. Ferracci F, Bertiato G, Moretto G Hashimoto\qs encephalopathy: epidemiologic data and pathogenetic considerations. *J Neurol Sci* 2004; 217(2):165–8.
7. Peschen-Rosin R, Schabet M, Dichgans J. Manifestation of Hashimoto\qs encephalopathy years before onset of thyroid disease. *Eur Neurol* 1999; 41(2):79–84.
8. Chen HC, Marsharani U. Hashimoto\qs encephalopathy. *South Med J* 2000; 93(5):504–6.
9. Ghika-Schmid F, Ghika J, Regli F, Dworak N, Bogousslavsky J, Stadler C, Portmann L, Despland PA.Hashimoto\qs myoclonic encephalopathy: an underdiagnosed treatable condition? *Mov Disord* 1996; 11(5):555–62.
10. Berlit P. Cerebral vasculitis. *Nervenarzt* 2004; 75(8):817–28.
11. Ochi H, Horiuchi I, Araki N, Toda T, Araki T, Sato K, Murai H, Osoegawa M, Yamada T, Okamura K, Ogino T, Mizumoto K, Yamashita H, Saya H, Kira J. Proteomic analysis of human brain identifies alpha-enolase as a novel autoantigen in Hashimoto\qs encephalopathy. *FEBS Lett* 2002; 528(1–3):197–202.
12. Oide T, Tokuda T, Yazaki M, Watarai M, Mitsuhashi S, Kaneko K, Hashimoto T, Ohara S, Ikeda S. Anti-neuronal autoantibody in Hashimoto\qs encephalopathy: neuropathological, immunohistochemical, and biochemical analysis of two patients. *J Neurol Sci* 2004; 217(1):7–12.
13. Jacob S, Rajabally YA. Hashimoto\qs encephalopathy: steroid resistance and response to intravenous immunoglobulins. *J Neurol Neurosurg Psychiatry* 2005; 76(3):455–6.
14. Hussain NS, Rumbaugh J, Kerr D, Nath A, Hillis AE. Effects of prednisone and plasma exchange on cognitive impairment in Hashimoto encephalopathy. *Neurology* 2005; 64(1):165–6.
15. Nieuwenhuis L, Santens P, Vanwalleghem P, Boon P. Subacute Hashimoto\qs encephalopathy, treated with plasmapheresis. *Acta Neurol Belg* 2004; 104(2):80–3.
16. Schäuble B, Castillo PR, Boeve BF, Westmoreland BF. EEG findings in steroid-responsive encephalopathy associated with autoimmune thyroiditis. *Clin Neurophysiol* 2003; 114(1):32–7.

Medikamentöse Rückfallprophylaxe bei Alkoholabhängigkeit

Falk Kiefer und Karl Mann
Klinik für Abhängiges Verhalten und Suchtmedizin, Zentralinstitut für Seelische Gesundheit, Mannheim

Die Entdeckung und klinische Einführung von Substanzen mit rückfallprophylaktischer Wirksamkeit bei alkoholabhängigen Patienten ist eine der herausragenden Entwicklungen der Suchtforschung der letzten Jahre. Mit der Definition des pharmakologischen Zielsyndroms Suchtdruck (Craving), einer dem Rückfall unmittelbar vorgeschalteten neurobiologischen Endstrecke, ergibt sich erstmals die Möglichkeit, die bio-psychosoziale Erkrankung Alkoholabhängigkeit symptomorientiert und unterstützend medikamentös zu behandeln und damit eine Strategie zu verfolgen, wie sie z.B. bei depressiven Syndromen seit langem erfolgreich eingeführt ist.

Was ist erreicht worden?

Klinischer Wirksamkeitsnachweis. Die Wirksamkeit des 1996 in Deutschland eingeführten Glutamatmodulators Acamprosat (Campral®) in der rückfallprophylaktischen Behandlung bei Alkoholabhängigkeit wurde in den vergangenen Jahren in 17 placebokontrollierten Studien überprüft; auf Basis der vorliegenden Daten erfolgte die Zulassung in allen westeuropäischen Ländern und im vergangenen Jahr auch in den Vereinigten Staaten. Die Metaanalysen der klinischen Studiendaten ergeben einen Anteil kontinuierlicher Abstinenz nach 6 Monaten von 36,1% unter Acamprosatbehandlung verglichen mit 23,4% unter Placebobedingungen und eine Effektstärke von 0,26 [1, 2]. Die Anzahl der Patienten, die behandelt werden müssen, um einen Rückfall zu vermeiden (numbers needed to treat [NNT]), liegt bei 7,5 [2]. Auch zur Wirksamkeit des µ-Opiatrezeptor-Antagonisten Naltrexon (Nemexin®) wurden in der letzten Zeit aktuelle Daten vorgelegt. Während die Mehrzahl der Studien die positiven Vorbefunde bestätigte, ergab eine von Krystal und Mitarbeitern [3] publizierte Studie keine Wirksamkeit in einem nicht-abstinenten, psychiatrisch komorbiden Kollektiv männlicher Veteranen. Die aktuellen Metaanalysen belegen aber insgesamt die Effektivität bezüglich der Minderung der Rückfallwahrscheinlichkeit nach erfolgter Entzugsbehandlung (Effektstärke: 0,28 [1]; NNT = 7 [4]). Da in Deutschland die Zulassung für Naltrexon auf die Indikation „Aufrechterhaltung der Abstinenz bei Opiatabhängigkeit“ beschränkt ist, ist der Einsatz bei alkoholabhängigen Patienten nur unter den besonderen Voraussetzungen des Off-Label-Gebrauchs möglich.

Entgegen früherer Befürchtungen ergaben sich in Studien und klinischer Praxis keine Hinweise darauf, dass die medikamentöse Rückfallprophylaxe die Motivation für die gleichzeitige Inanspruchnahme psychosozialer Therapien schmälerte. Im Gegenteil zeigte sich, dass die erhöhte Abstinenzquote unter Pharmakotherapie dazu beitrug, weitere therapeutische Maßnahmen wahrzunehmen zu können [5].

Neue Substanzen. Der klinische Wirksamkeitsnachweis von Acamprosat und Naltrexon hat zu einer Bestätigung des Konzepts der medikamentösen Rückfallprophylaxe geführt und die Erforschung neuer Substanzen für diese Indikation beflügelt. Während die Überprüfung von Pharmaka, die am dopaminergen System (Tiaprid, Lisurid und Flupentixol) sowie am serotonergen System (Buspiron, Fluoxetin, Nifazedon, Ritanserin und Ondansetron) ansetzen, keine bzw. keine überzeugenden Ergebnisse liefern konnte, zeigt sich ein Potential für Präparate aus der Gruppe der Mood-Stabilizer und Anticonvulsiva (z.B. Topiramat und Oxcarbazepin), der Cannabinoid(CB1)-Rezeptorantagonisten sowie neuropeptiderger Substanzen (Übersicht bei Spanagel und Mann [6]). Auch Alternativpräparate zu Acamprosat und Naltrexon aus der Gruppe der NMDA- bzw.

Opioid-Rezeptorantagonisten zeigen Hinweise auf Wirksamkeit. Für keines dieser Präparate liegt jedoch bisher eine klinische Datenlage vor, die zum jetzigen Zeitpunkt einen Einsatz in der Rückfallprophylaxe in der klinischen Praxis begründen könnte [7].

Was muss als Nächstes erreicht werden?

Etablierung der medikamentösen Rückfallprophylaxe in der Behandlungspraxis. Die Verordnungszahlen von Acamprosat stabilisierten sich in den vergangenen Jahren auf niedrigem Niveau [8]. Unter Berücksichtigung der Prävalenz der Alkoholerkrankung muss davon ausgegangen werden, dass nur ca. 5% der Patienten nach Alkoholentzugsbehandlung eine medikamentöse Rückfallprophylaxe mit Acamprosat erhalten. Diese Unterversorgung ist auf Basis der vorgelegten Wirksamkeitsdaten rational nicht zu begründen. Ebenso wenig ist nachvollziehbar und im Vergleich zum Verordnungsverhalten in anderen Indikationsbereichen begründbar, dass einem großen Anteil der Patienten Acamprosat, obgleich voll erstattungsfähig, nur auf Privatrezept verordnet wird.

Definition von Subgruppen Alkoholkranker. Betrachtet man die unterschiedlichen pharmakologischen Wirkprinzipien, über die eine suchtdruckmindernde/rückfallverhütende Wirkung erreicht werden kann (Opioidsystem, Glutamatsystem), stellt sich die Frage, ob diesen spezifischen Wirkprinzipien auch Subgruppen Alkoholkranker zugeordnet werden können. Folgt man der pharmakologischen Wirkhypothese, so kann Naltrexon eher mit einer Entkopplung von Alkoholaufnahme und positiver Verstärkung (Minderung des „Reward-Craving“), Acamprosat eher mit einer Minderung protrahierter Entzugssymptome (Minderung des „Relief-Craving“) in Verbindung gebracht werden [9]. Inwieweit diese deskriptive Differenzierung zu biologisch definierbaren Subgruppen Alkoholkranker beitragen kann, wird gegenwärtig im Rahmen des „Project PREDICT“ des

Suchtforschungsverbundes Baden-Württemberg überprüft [10]. Methodologisch angreifbare Post-hoc-Analysen früherer klinischer Studien ergaben Hinweise darauf, dass eine medikamentöse Rückfallprophylaxe insbesondere bei Patienten mit einem frühen Erkrankungsbeginn und einer positiven Familienanamnese (Cloninger-Typ-II) wirksam sein könnte, wobei Naltrexon eher bei subjektiv ausgeprägtem Suchtdruck, Acamprosat eher bei früh im Erkrankungsverlauf aufgetretenen Entzugssymptomen (Lesch-Typ-I) eine Wirksamkeit zeigt [11]. Die inkongruente Datenlage hierzu erlaubt bisher jedoch keine generellen Therapieempfehlungen und keine sichere Aussage darüber, ob eine differentielle Therapie in Zukunft möglich sein wird.

Kombinationsbehandlung. Sollte eine differenzielle Pharmakotherapie in der Rückfallprophylaxe ebenso wenig gelingen, wie es z.B. in der antidepressiven Pharmakotherapie bisher nicht gelungen ist, Subgruppen mit einer vorhersagbar guten Response auf Selektive Serotonin Wiederaufnahmehemmer (SSRI) vs. Selektive Noradrenalin Wiederaufnahmehemmer (SNRI) zu definieren, so ergibt sich hier wie dort die Möglichkeit, bei Monotherapieversagern eine Kombination unterschiedlicher Wirkprinzipien anzuwenden.

Geht man davon aus, dass beide beschriebenen Mechanismen der Entstehung von Suchtdruck (Reward- und Relief-Craving) einen Rückfall einleiten, so würde die gleichzeitige pharmakologische Beeinflussung zu additiven Effekten in der Rückfallprophylaxe führen können. Sowohl Acamprosat als auch Naltrexon besitzen eine hohe Tolerabilität bei fehlenden potentiell schwerwiegenden Interaktionseffekten. Bei Effektstärken zwischen 0,26–0,28 [1] erscheint die mögliche Wirksamkeitssteigerung durch Kombination klinisch relevant. Tatsächlich ergaben sowohl die präklinischen als auch die klinischen Studien Hinweise auf synergistische Effekte bei guter Verträglichkeit [12].

Ob hierfür jedoch
- eine additive Wirkung,
- ein breiter gefächertes Wirkspektrum bei bisher fehlender Subgruppendifferenzierung oder
- die um ca. 30% [13] erhöhten Acamprosat-Plasmaspiegel bei Komedikation mit Naltrexon verantwortlich sind,

ist bisher ungeklärt [14].

Medikamentöse Rückfallprophylaxe bei Alkoholabhängigkeit – *aktuell*

Was ist in?

- From bench to bedsite: Umsetzung der Erkenntnisse klinischer Studien in der Behandlungspraxis.
- Suche nach Subgruppen alkoholkranker Patienten und Zuordnung einer spezifischen Pharmakotherapie auf Basis neurobiologischer und pharmakogenetischer Parameter.
- Medikamentöse Kombinationsbehandlung bei Ausbleiben eines Therapieerfolgs unter Monotherapie.

Was ist out?

- Die Hypothese, dass Medikamente in der Abstinenzerhaltung nicht helfen können.
- Die Hypothese, dass die medikamentöse Behandlung mit Antidepressiva, niederpotenten Neuroleptika, Anxiolytika oder anderen nicht evidenzbasierten Therapiemethoden die Rückfallwahrscheinlichkeit mindert.
- Die Hypothese, dass eine medikamentöse Behandlung nachteilige Effekte für die Therapiemotivation von Patienten hat.
- Das Vorenthalten einer evidenzbasierten Behandlung für Alkoholkranke.

Pharmakogenetische Ansätze. Die Pharmakogenetik zielt auf die Identifikation prädiktiver genetischer Marker, um die Auswahl eines Medikaments für einen spezifischen Patienten mit individueller DNA-Sequenz zu optimieren. Von besonderer Bedeutung sind dabei funktionelle Varianten von Kandidatengenen, da sie Rückschlüsse auf Wirkmechanismen von spezifischen pharmakologischen Behandlungsstrategien erlauben. Kürzlich konnte z.B. der $A_{+118}G$ Polymorphismus des µ-Opiatrezeptors in Zusammenhang mit der Wirksamkeit von Naltrexon in der Rückfallprophylaxe gebracht werden. Patienten mit ein oder zwei Kopien des Asp40 Allels zeigten unter Behandlung mit Naltrexon signifikant geringere Rückfallraten als homozygote Asn40 Allelträger [15]. Hier eröffnet sich ein vielversprechender Ansatz, weitere genetische Polymorphismen des µ-Opiat- und des NMDA-Rezeptors zu untersuchen und in Zusammenhang mit der Wirksamkeit von Naltrexon und Acamprosat zu bringen. Auch Bildgebungsstudien mit Rezeptorliganden, die eine differentielle Bindung mit einer genetischen Varianz verknüpfen, werden diese Forschungsrichtung ergänzen können.

Literatur

1. Berglund M. A better widget? Three lessons for improving addiction treatment from a meta-analytical study. *Addiction* 2005; 100(6):742–50.
2. Mann K, Lehert P, Morgan MY. The efficacy of acamprosate in maintaining abstinence in alcohol-dependent individuals: results of a meta-analysis. *Alcohol Clin Exp Res* 2004; 28:51–63.
3. Krystal JH, Cramer JA, Krol WF, et al. Naltrexone in the treatment of alcohol dependence. *N Engl J Med* 2001; 345:1734–39.
4. Srisurapanont M, Jarusuraisin N. Naltrexone for the treatment of alcoholism: a meta-analysis of randomized controlled trials. *Int J Neuropsychopharmacol* 2005; 8(2):267–80.
5. Kiefer F, Jahn H, Holzbach R, et al. Die NALCAM-Studie: Wirksamkeit, Verträglichkeit, Outcome. *Sucht* 2003; 49(6):342–351.
6. Spanagel R, Mann K (eds.). Drugs for relapse prevention of alcoholism. Birkhäuser, Basel; 2005.

7. Mann K. Pharmacotherapy of alcohol dependence: a review of the clinical data. *CNS.Drugs* 2004; 18:485–504.

8. Fritze J. Psychopharmaka Verordnungen: Ergebnisse und Kommentare zum Arzneiverordnungsreport 2004. http://www.dgppn.de/stellungnahmen/Arzneiverordnungsreport-2004-Fritze.pdf.

9. Verheul R, van den Brink W, Geerlings P. A three-pathway psychobiological model of craving for alcohol. *Alcohol Alcohol* 1999; 34(2):197–222.

10. Mann K. Project PREDICT. http://www.bw-suchtweb.de; 2005.

11. Kiefer F, Helwig H, Tarnaske T, et al. Pharmacological relapse prevention of alcoholism: clinical predictors of outcome. *Eur Addict Res* 2005; 11(2):83–91.

12. Kiefer F, Jahn H, Tarnaske T, et al. Comparing and combining naltrexone and acamprosate in relapse prevention of alcoholism: a double-blind, placebo-controlled study. *Arch Gen Psychiat* 2003; 60:92–99.

13. Mason BJ, Goodman AM, Dixon RM, et al. A pharmacokinetic and pharmacodynamic drug interaction study of acamprosate and naltrexone. *Neuropsychopharmacology* 2002; 27(4):596–606.

14. Kiefer F, Wiedemann K. Combined therapy: what does acamprosate and naltrexone combination tell us? *Alcohol Alcohol* 2004; 36(6):542–547.

15. Oslin DW, Berrettini W, Kranzler HR, et al. A functional polymorphism of the mu-opioid receptor gene is associated with naltrexone response in alcohol-dependent patients. *Neuropsychopharmacology* 2003; 28(8):1546–52.

Motivierende Gesprächsführung bei Alkoholismus

Sabine Loeber und Karl Mann
Klinik für Abhängiges Verhalten und Suchtmedizin, Zentralinstitut für Seelische Gesundheit, Mannheim

In der Behandlung von Abhängigkeitserkrankungen hat in den vergangenen zwei Jahrzehnten ein grundlegender Wandel der Betrachtung der Veränderungsmotivation eines Patienten stattgefunden. Wurde in früheren Konzepten eine hinreichende Ausprägung der Veränderungsmotivation eines Patienten noch als Voraussetzung einer erfolgreichen Therapie betrachtet, so ist es heute Aufgabe der Therapie selbst, die Wahrscheinlichkeit zu erhöhen, dass ein Patient aktive Schritte in Richtung einer Verhaltensänderung vornimmt. Im Rahmen der Motivierenden Gesprächsführung wird das Ziel verfolgt, die Ambivalenz eines Patienten bezüglich seines Problemverhaltens zu klären und eine Verhaltensänderung zu initiieren. In dem vorliegenden Beitrag sollen die Hintergründe des Ansatzes der Motivierenden Gesprächsführung kurz dargestellt und zentrale Therapieelemente und deren Anwendung in der Praxis verdeutlicht werden.

Wesentlich geprägt wurde der genannte Paradigmenwechsel durch das transtheoretische Veränderungsmodell von Prochaska und DiClemente [1]. Dieses Modell beschreibt, wie Menschen ihr Problemverhalten verändern und dabei fünf unterschiedliche Stadien der Veränderungsbereitschaft durchschreiten. So befinden sich Personen, die nicht zu einer Veränderung eines problematischen Verhaltens bereit sind, im Stadium der **Absichtslosigkeit.** Im Stadium der **Absichtsentwicklung** erfolgen demgegenüber die Entwicklung eines Problembewusstseins und die Entscheidung für eine Veränderung des problematischen Verhaltens. Das Stadium der **Vorbereitung** beinhaltet die Planung konkreter Schritte zur Veränderung des Verhaltens, die im Stadium der **Handlung** in die Tat umgesetzt werden; es findet nun eine tatsächliche Verhaltensänderung statt. Im Stadium der **Aufrechterhaltung** bemüht sich die Person um eine Stabilisierung dieser Verhaltensänderung. Gerade bei substanzabhängigen Patienten kommt es in diesem Stadium oftmals zu Rückschlägen und dem erneuten Auftreten des problematischen Verhaltens. Somit kann der beschriebene Kreislauf mehrfach durchlaufen werden, bevor es zu einer Stabilisierung der Veränderung und einem dauerhaften Ausstieg aus der Abhängigkeit kommt.

Für die psychotherapeutische Behandlung von Abhängigkeitserkrankungen bedeutet das transtheoretische Veränderungsmodell, dass das Stadium der Veränderungsbereitschaft eines Patienten beachtet werden sollte. Insbesondere in den ersten drei Stadien sind ein konfrontativer Ansatz und eine Fokussierung auf konkrete Schritte der Verhaltensänderung kontraindiziert. Vielmehr hat sich hier der Ansatz der Motivierenden Gesprächsführung nach Miller und Rollnick [2] bewährt.

Motivierende Gesprächsführung

Aufbauend auf Arbeiten von Karl Rogers und Milton Erickson, beschrieb Miller [3] bereits 1983 die Motivierende Gesprächsführung als therapeutischen Ansatz mit dem Ziel, eine rasche, intrinsisch motivierte Veränderung des Trinkverhaltens eines Patienten anzuregen. Die Grundprinzipien dieses Ansatzes sind Empathie auszudrücken, Diskrepanzen zu entwickeln, Beweisführungen zu vermeiden, Widerstand aufzunehmen und die Selbstwirksamkeit des Patienten zu fördern. Die Effektivität dieses Ansatzes bei verschiedenen Patientengruppen und in unterschiedlichen therapeutischen Settings konnte in einer Vielzahl von Untersuchungen nachgewiesen werden [4].

Empathie ausdrücken. Dies bedeutet, dem Patienten das Gefühl zu vermitteln, angenommen zu werden, wie er ist, und Verständnis für sein problematisches Verhalten zu zeigen. Man begegnet dem Patienten mit Akzeptanz, unterstützt ihn jedoch gleichzeitig in seinen Überlegungen hinsichtlich einer Verhaltensänderung. Der Therapeut stellt offene Fragen, hört aktiv zu und bestätigt den Patienten. Zum Beispiel äußert der Therapeut: „Ich denke, es ist ein wichtiger Schritt, dass Sie dieses Risiko erkennen und etwas unternehmen möchten, damit es nicht ernster wird."

Diskrepanzen entwickeln. Veränderungsmotivation besteht aus der Wahrnehmung der Diskrepanz zwischen einem erwünschten Soll-Zustand und dem aktuellen Ist-Zustand. In der Motivierenden Gesprächsführung wird der Patient darin unterstützt, die Folgen seines aktuellen Verhaltens zu erkennen, mit eigenen Zielen zu vergleichen und auf Diskrepanzen aufmerksam zu werden. Die Ambivalenz hinsichtlich einer Veränderung kann auf diese Weise aufgelöst werden. So könnte der Therapeut z.B. äußern: „Also auf der einen Seite haben Sie Gründe, sich Sorgen über Ihren Alkoholkonsum zu machen, und auf der anderen Seite wollen Sie nicht als ‚jemand mit einem Alkoholproblem' bezeichnet werden."

Beweisführungen vermeiden. Der Ansatz der Motivierenden Gesprächsführung verzichtet ausdrücklich auf konfrontative Methoden, die auf Seiten des Patienten Widerstand erzeugen würden. Es wird nicht versucht, den Patienten zu überzeugen oder ihm etwas zu beweisen. Vielmehr stehen die Entwicklung von Diskrepanzen und die Betonung der Entscheidungsfreiheit des Patienten im Vordergrund (z.B. „Vielleicht stellen Sie am Ende ja auch fest, dass es sich lohnt, weiter zu trinken wie bisher. Es ist vielleicht zu schwer, sich zu ändern. Das ist ganz Ihre Entscheidung.").

Widerstand aufnehmen. Auch wenn Patienten zu Beginn einer Behandlung in der Regel einen höheren Widerstand zeigen, liegt es in der Hand des Therapeuten, diesen Widerstand allmählich abzubauen. Hierfür wurden im Rahmen der Motivierenden Gesprächsführung verschiedene Techniken entwickelt wie beispielsweise die Reflexion, die Verschiebung des Fokus und die Zustimmung mit einer Wendung (z.B. Patient: „Nein, ich glaube nicht, dass ich ein Problem mit dem Trinken habe.“; Therapeut: „Also, so weit Sie das beurteilen können, gab es niemals irgendwelche Probleme wegen Ihres Trinkens.“).

Selbstwirksamkeit und Zuversicht fördern. Die Überzeugung, sich ein bestimmtes Verhalten aneignen und eine abstinente Lebensweise aufrechterhalten zu können, sind entscheidende Faktoren für den therapeutischen Erfolg. Der Patient wird in seiner Selbstwirksamkeitsüberzeugung unterstützt, beispielsweise durch die Exploration von Stärken und Ressourcen des Patienten oder bereits gelungene Verhaltensänderungen. Der Therapeut könnte beispielsweise äußern: „Warum glauben Sie, dass Sie mit dem Trinken aufhören könnten, wenn Sie sich dazu entschließen würden?“

Anwendungsbereiche der motivationalen Therapie und empirische Evidenz

Kurzinterventionen. Der „Drinker's check-up“ wurde 1989 als erste Anwendung der Motivierenden Gesprächsführung entwickelt [5]. Er beinhaltet eine zweistündige strukturierte Befunderhebung gefolgt von einer einstündigen Feedback-Sitzung, basierend auf den Prinzipien der Motivierenden Gesprächsführung. Bei Alkoholkonsumenten, die bereits erhebliche alkoholassoziierte Probleme aufwiesen, erwies sich diese Intervention hinsichtlich der Reduktion des Alkoholkonsums als effektiver als eine konfrontative Methode [6]. In den vergangenen drei Jahrzehnten konnte eine Vielzahl von Untersuchungen die Effektivität von Kurzinterventionen bei Problemtrinkern nachweisen [4].

Qualifizierte Alkoholentzugsbehandlung. Die motivationale Therapie ist ebenfalls ein wichtiger Bestandteil der qualifizierten Alkoholentzugsbehandlung. In diesem Ansatz wird die sensible Phase der körperlichen Entgiftung genutzt, um den Patienten zu motivieren, eine abstinente Lebensweise anzustreben, Selbsthilfegruppen zu besuchen und gegebenenfalls eine suchtspezifische Nachbehandlung aufzunehmen [7]. In Einzelkontakten wie auch im Rahmen von Gruppenangeboten werden die Prinzipien der Motivierenden Gesprächsführung angewandt, um beispielsweise die persönliche Entwicklung der Abhängigkeit und Vor- und Nachteile des Alkoholkonsums zu thematisieren [8]. Die qualifizierte Alkoholentzugsbehandlung ist im Vergleich zur rein körperlichen Entgiftung mit einer deutlichen Zunahme der Behandlungseffektivität verbunden [9].

Motivational Enhancement Therapy. Dieser Ansatz wurde im Rahmen von Projekt MATCH, einer der größten empirischen Psychotherapiestudien aller Zeiten, eingesetzt und evaluiert. Es handelt sich hierbei um eine systematische ambulante Intervention, die sich über vier Sitzungen erstreckt und durch Anwendung der Prinzipien der Motivierenden Gesprächsführung eine Verhaltensänderung des Patienten erzielen möchte. Der Patient wird unterstützt, seine eigenen Ressourcen zur Initiierung einer Veränderung seines problematischen Trinkverhaltens zu mobilisieren.

Im Projekt MATCH sollte die optimale Zuweisung von Patienten mit bestimmten Merkmalen zu verschiedenen Therapieverfahren überprüft werden. Neben der beschriebenen Motivational Enhancement Therapy handelte es sich um eine an das Zwölf-Schritte-Programm der Anonymen Alkoholiker angelehnte Therapie und eine kognitive Verhaltenstherapie zur Verbesserung der Bewältigungsfähigkeiten zum Umgang mit kritischen Situationen. Die verschiedenen Therapieverfahren wurden in ambulant durchgeführten Einzelsitzungen, die sich gleichmäßig über einen Zeitraum von zwölf Wochen verteilten, durchgeführt. Nur im Motivationssteigerungsansatz erhielten die Patienten vier Sitzungen; die anderen beiden Verfahren umfassten jeweils zwölf ambulante Sitzungen. 1.726 Patienten, die die Kriterien einer Alkoholabhängigkeit oder eines Alkoholmissbrauchs erfüllten, wurden randomisiert diesen drei unterschiedlichen Therapieverfahren zugeordnet. Die Ergebnisse der Drei-Jahres-Katamnese zeigten, dass alle drei Therapieverfahren mit signifikanten Verbesserungen des Trinkverhaltens verbunden waren [10]. Entgegen den Hypothesen zeigten sich für alle drei spezifischen Psychotherapieverfahren vergleichbar gute Ergebnisse. Auch fanden sich kaum Anhaltspunkte dafür, dass die Behandlungseffektivität durch die Anpassung der Behandlung an spezifische Merkmale der Patienten gesteigert werden kann.

Alkoholismusspezifische Psychotherapie (ASP). Ausgehend von den Ergebnissen von Projekt MATCH, wurde die Alkoholismusspezifische Psychotherapie (Combined Behavioral Intervention) entwickelt. Hierbei handelt es sich um ein ambulantes psychotherapeutisches Behandlungsverfahren, in dem die bewährtesten Elemente der drei in MATCH geprüften Verfahren in manualisierter Form zusammengeführt wurden [11]. In der Phase 1 des therapeutischen Ansatzes steht die Motivierende Gesprächsführung im Mittelpunkt, um Ambivalenzen des Patienten zu bearbeiten und seine Veränderungsmotivation zu erhöhen. Auch im weiteren therapeutischen Prozess findet eine Orientierung an den Prinzipien der Motivierenden Gesprächsführung statt, der Fokus wird nach einer funktionalen Verhaltensanalyse und der Erstellung eines Behandlungsplans (Phase 2) jedoch auf die Bearbeitung ausgewählter Behandlungsmodule (z.B. Vermittlung von Fertigkeiten zum Umgang mit Trinkdruck, Aufbau sozialer Kompetenzen) gelegt (Phase 3) [12]. Während des gesamten therapeutischen Prozesses werden die Patienten zum Besuch von Selbsthilfegruppen motiviert, und es wird angestrebt, eine wichtige unterstützende Person in die Therapie mit einzubeziehen. Die Therapie umfasst höchstens 20 Sitzungen in

Psychotherapeutische Behandlung bei Alkoholismus *– aktuell*

Was ist in?

- Systematische Verstärkung der Veränderungsmotivation des Patienten.
- Orientierung an Prinzipien der Motivierenden Gesprächsführung.
- Kombination der Motivierenden Gesprächsführung mit verhaltenstherapeutischen Fertigkeiten, Training.
- Kombination psychotherapeutischer und pharmakologischer Behandlung.

Was ist out?

- Versuch des Therapeuten, das Vorliegen einer Alkoholabhängigkeit zu beweisen.
- Widerstand des Patienten wird mit Argumentation und Diskussion begegnet.
- Inhalt und Richtung der Therapie wird vom Patienten bestimmt.
- Verzicht auf praktisch übende Elemente.
- Verzicht auf eine Kombinationsbehandlung mit einer Anti-Craving-Substanz.

16 Wochen oder endet, wenn Patient und Therapeut darin übereinstimmen, dass die Behandlungsziele erreicht wurden.

In einer multicentrischen randomisierten Studie in Freiburg, Tübingen und Mannheim [13] wird gegenwärtig die Effektivität von ASP geprüft. Von Interesse ist insbesondere die Frage, ob sich durch die Kombination von psychotherapeutischer und psychopharmakologischer Behandlung eine Verbesserung der Behandlung der Alkoholabhängigkeit erreichen lässt und welchen Einfluss der Umfang psychotherapeutischer Interventionen hat [12]. ASP wird dem „medical management" gegenübergestellt, einer supportiven Behandlung, die eine geringere Häufigkeit therapeutischer Kontakte vorsieht und speziell zur Unterstützung einer effektiven Pharmakotherapie entwickelt wurde.

Zusammenfassend kann man festhalten, dass die Prinzipien der Motivierenden Gesprächsführung Eingang gefunden haben sowohl in die Behandlung von Menschen mit problematischen und missbräuchlichen Konsummustern als auch bei alkoholabhängigen Patienten ein grundlegendes Prinzip der therapeutischen Beziehungsgestaltung bilden. Die motivationale Therapie ist empirisch fundiert und auch in der klinischen Praxis bewährt.

Literatur

1. Prochaska JO, DiClemente CC. Toward a comprehensive model of change. In: Miller WR, Heather N (Hrsg.), *Treating addictive behaviors: Processes of change.* Plenum Press, New York, 1986; 3–27.
2. Miller WR, Rollnick S. Motivierende Gesprächsführung: Ein Konzept zur Beratung von Menschen mit Suchtproblemen. *Lambertus,* Freiburg, 1999.
3. Miller WR. Motivational interviewing with problem drinkers. *Behav Psychother* 1983; 11:147–72.
4. Miller WR, Wilbourne PL, Hettema JE. What works? A summary of alcohol treatment outcome research. In: Hester RK, Miller WR (Hrsg.), *Handbook of alcoholism treatment approaches: effective alternatives.* 3rd ed. Allyn and Bacon, Boston, 2003; 13–63.
5. Miller WR, Sovereign RG. The check-up: A model for early intervention in addictive behaviors. In: Loberg T, Miller WR, Nathan PE, Marlatt GA (Hrsg.), *Addictive behaviors: Prevention and early intervention.* Swets & Zeitlinger, Amsterdam, 1989; 219–31.
6. Miller WR, Benefield RG, Tonigan JS. Enhancing motivation for change in problem drinkers: A controlled comparison of two therapist styles. *J Consult Clin Psychol* 1993; 61:455–61.
7. Mann KF, Stetter F. Keine Entgiftung ohne psychotherapeutische Begleitung. *Psycho* 1991; 5:296–304.
8. Mann KF, Croissant B, Loeber S. Die qualifzierte Entzugsbehandlung. Im Druck.

9. Mann KF. Neue ärztliche Aufgaben bei Alkoholproblemen. *Dtsch Arztebl* 2002; 99:A632–44.

10. Project MATCH Research Group. Matching alcoholism treatments to client heterogeneity: Project MATCH three-year drinking outcomes. *Alcohol Clin Exp Res* 1998; 22:1300–11.

11. The COMBINE Study Research Group. Testing combined Pharmacotherapies and behavioral interventions in alcohol dependence: rationale and methods. *Alcohol Clin Exp Res* 2003; 27:1107–22.

12. Brück R, Mann K. Alkoholismusspezifische Psychotherapie (ASP). Im Druck.

13. Rist F, Randall K, Mann K. New developments in alcoholism treatment research in Europe. *Alcoholism: Clin and Exp Res* im Druck.

Metabolische Störungen bei Therapie mit Antipsychotika

Michael Deuschle
Klinik für Psychiatrie und Psychotherapie, Zentralinstitut für Seelische Gesundheit, Mannheim

So genannte atypische Antipsychotika oder Antipsychotika der zweiten Generation sind herkömmlichen Antipsychotika bezüglich ihrer Wirkung auf Negativsymptomatik, kognitive oder affektive Symptome überlegen. Das Nebenwirkungsspektrum ist günstiger bezüglich extrapyramidalmotorischer Symptome, während Gewichtszunahme oder metabolische Störungen – zumindest bei einzelnen Präparaten – erhebliche Probleme darstellen können. Patienten mit schizophrenen Psychosen verlieren gesunde Lebenszeit durch ein hohes Risiko für Suizid und kardiovaskuläre Erkrankungen [27]. Das Handeln von Psychiatern muss daher auch Rücksicht auf eine Optimierung kardiovaskulärer Risikofaktoren nehmen [12]. Die Therapie mit Antipsychotika scheint abhängig von Substanz und Prädisposition zu einem erhöhten Risiko für Diabetes und Dyslipidämie – bedeutsamen Risikofaktoren für kardiovaskuläre Erkrankungen – beizutragen. Durch die Ausweitung der Indikationen für atypische Antipsychotika ist dieses Problem sowohl für Patienten mit psychotischen als auch affektiven Störungen bedeutsam.

Das Metabolische Syndrom ist ein Cluster kardiovaskulärer Risikofaktoren, dessen Komponenten teilweise mit antipsychotischer Therapie in Verbindung gebracht wurden. Aus Gründen der Praktikabilität setzt sich derzeit die Definition ATP-III (Adult Treatment Panel III) des National Cholesterol Education Program durch [11]. Die Prävalenz des Metabolischen Syndroms in westlichen Ländern beträgt zwischen 10

Tabelle 1 ATP-III-Kriterien des Metabolischen Syndroms (mindestens 3 der folgenden Faktoren)

Faktor	
Hyperglykämie	Nüchternblutzucker > 110 mg/dl
viszerale Adipositas	Taillenumfang, Männer: > 102 cm Taillenumfang, Frauen: > 88 cm
niedriges HDL-Cholesterin	Männer: < 40 mg/dl Frauen: < 50 mg/dl
Hypertriglyceridämie	Nüchterntriglyceride: > 150 mg/dl
arterielle Hypertonie	> 130/85 mmHg

und 30%, ist jedoch außerordentlich abhängig vom Alter sowie von Vorliegen und Ausprägung, von Übergewicht [5]. Als pathophysiologisch wichtigste Variable wird die Insulinresistenz angesehen. Das Metabolische Syndrom ist bedeutsam als einfach zu beurteilender Symptom-Cluster, der sowohl Diabetes-mellitus-Typ-2 als auch Koronare Herzerkrankung prädiziert [10].

Antipsychotika und Körpergewicht

Clozapin und Olanzapin führen zu deutlicher, Quetiapin und Risperidon zu mäßiger, Amisulprid, Aripiprazol und Ziprasidon allenfalls zu geringer Gewichtszunahme [2]. Die Gewichtszunahme unter antipsychotischer Therapie ist außerordentlich variabel und lässt sich – bei Fehlen geeigneter Prädiktoren – im Einzelfall nur schlecht vorhersagen. Die Gewichtszunahme unter antipsychotischer Therapie scheint gleichermaßen subkutanes als auch – metabolisch problematischer – viszerales Fett zu betreffen [16; 36].

Antipsychotika und Diabetes mellitus

Historische Daten [20] legen nahe, dass schizophrene Patienten bereits ohne antipsychotische Behandlung ein erhöhtes Diabetesrisiko zeigen. Aktuelle Studien mit unbehandelten schizophrenen Patienten sind nicht einheitlich hinsichtlich der Einschätzung der Insulinresistenz [3, 29]. Studien aus den frühen 90er-Jahren – vor Einführung der atypischen Antipsychotika [9] – lassen vermuten, dass schizophrene Patienten bereits durch die Behandlung mit konventionellen Antipsychotika ein erhöhtes Diabetesrisiko aufweisen. Mehrere große Fallkontroll- und Kohortenstudien belegen, dass das Risiko eines Diabetes-mellitus-Typ-2 durch Clozapin und Olanzapin, fraglich und in geringerem Ausmaß durch Quetiapin und Risperidon erhöht wird [6, 7, 13, 21–23, 30, 33]. Unter Langzeitbehandlung mit Olanzapin, nicht jedoch Risperidon, wurde eine Verschlechterung des glykosylierten Hämoglobins gefunden [24]. Kasuistiken geben, durch Reversibilität nach Absetzen sowie erneuter Stoffwechselentgleisung nach Re-Exposition, klare Hinweise auf einen kausalen Zusammenhang zwischen antipsychotischer Medikation und Erstmanifestation des Diabetes. Schwere Verläufe mit Ketoazidosen, extrem hohen Glukosewerten und Todesfällen sind sehr seltene Ereignisse [8, 18]. Werden Patienten mit Diabetes-mellitus-Typ-2 mit Antipsychotika behandelt, verschlechtert sich der Verlauf des Diabetes [32].

Antipsychotika und Dyslipidämie

Die Datenlage zu diesem Thema muss als unzulänglich bezeichnet werden. Hinsichtlich konventioneller Antipsychotika scheint die Therapie mit Phenothiazinen, nicht jedoch Butyrophenonen, mit erhöhten Triglyceriden und – in wesentlich geringerem Ausmaß – mit erhöhtem LDL-Cholesterin einherzugehen. In der Gruppe der atypischen Antipsychotika führen Clozapin und Olanzapin zu teilweise erheblich erhöhten Plasmatriglyceriden, während die Effekte auf Cholesterin gering zu sein scheinen. Aripiprazol, Risperidon und Ziprasidon haben keine wesentlichen Effekte auf Serumlipide. Ziprasidon führt nach Umstellung häufig zu gebesserten Triglycerid- und Cholesterinwerten [4, 19, 21, 24, 25, 31].

Antipsychotika und Hypertonie

Zu dieser Frage liegen bedauerlicherweise praktisch keine Daten vor. Aus einer langjährig und gut untersuchten Kohorte gibt es den Hinweis auf ein erhöhtes Risiko für Hypertonie bei langjähriger Behandlung mit Clozapin gegenüber konventionellen oder anderen atypischen Antipsychotika [17]. In anderen Kohorten wurden keine erhöhten Raten an Hypertonie bei schizophrenen Patienten [35] oder Clozapinbehandlung gefunden [23]. Da schizophrene Psychosen und Antipsychotikatherapie mit geminderter körperlicher Aktivität, Nikotinabusus und – zumindest teilweise – mit Übergewicht und metabolischen Störungen einhergehen, würde es nicht überraschen, wenn zukünftige Studien einen Zusammenhang zwischen schizophrenen Psychosen und antipsychotischer Therapie mit arterieller Hypertonie zeigen würden.

Antipsychotika und metabolisches Syndrom

Das Muster metabolischer Veränderungen, das durch atypische Antipsychotika induziert wird, ähnelt dem Diabetes-mellitus-Typ-2: Gewichtszunahme mit Erhöhung von subkutanem und viszeralem Fett sowie Insulinresistenz. Antipsychotika, die zu Gewichtszunahme und Insulinresistenz führen können (v.a. Clozapin und Olanzapin), sind mit dem Risiko erhöhter Triglyceride behaftet. HDL-Cholesterin und Blutdruck unter antipsychotischer Therapie sind nicht ausreichend untersucht worden, so dass eine eindeutige Beurteilung, ob atypische Antipsychotika zu einem metabolischen Syndrom entsprechend ATP-III-Kriterien führt, derzeit nicht möglich ist.

Tabelle 2 Risikopatienten für metabolische Nebenwirkungen

Medizinische Risikofaktoren

- Übergewicht
- Dyslipidämie
- arterieller Hypertonus
- Hyperglykämie, Diabetes

Risikofaktoren im Gesundheitsverhalten

- körperliche Aktivität
- Diät
- Rauchen

Genetische Risikofaktoren

- Familienanamnese für kardiovaskuläre/metabolische Störungen

Mögliche Pathomechanismen

Im Vergleich zu gesunden Kontrollen zeigen antipsychotisch behandelte Patienten Insulinresistenz – unabhängig vom Body-Mass-Index. Mit steigendem Body-Mass-Index nimmt die Insulinresistenz bei antipsychotisch behandelten Patienten überproportional zu [26]. Dies deutet darauf hin, dass sowohl die Gewichtszunahme als auch gewichtsunabhängige Mechanismen zur Insulinresistenz antipsychotisch behandelter Patienten beitragen. Daher sind zentralnervöse Effekte von Antipsychotika auf Appetitregulation – beispielsweise über den 5-HT(Serotonin)$_{2C}$-Rezeptor [28] – genauso zu beachten wie direkte Effekte von Psychopharmaka auf Insulinsekretion und -wirkung [14]. Viszerale Adipositas bereits bei medikamentenfreien, schizophrenen Patienten [34] sowie zunehmendes viszerales Fett bei antipsychotischer Therapie [36] könnten zu Insulinresistenz beitragen.

Tabelle 3 Wie sollte man kontrollieren?

	Vorher	4 Wochen	8 Wochen	12 Wochen	3 Monate	Jährlich	5-jährlich
Eigen-/ Familienanamnese	x						
Gewicht/BMI	x	x	x	x	x		
Taillenumfang	x					x	
Blutdruck	x			x		x	
Nüchternglukose	x			x		x	
Nüchternlipide	x			x			x

Nach ADA et al. 2004 [1]

Behandlungsempfehlungen

Zunächst sollte im Einzelfall geprüft werden, welche Risikofaktoren vorliegen, um standardisiert Risikopatienten zu identifizieren (s. Tab. 2). Die Therapieentscheidung schließt naturgemäß Aspekte des klinischen Syndroms, früherer Behandlungen, zu erwartender Neben- und Wechselwirkungen ein, so dass die metabolische Situation nur ein Gesichtspunkt der Medikamentenauswahl sein wird, der jedoch bei Risikopatienten von besonderer Bedeutung ist. Bezüglich Vor- und Verlaufsuntersuchungen scheinen sich die Empfehlungen einer amerikanischen Konsensuskonferenz durchzusetzen (s. Tab. 3). Wenngleich diese Empfehlungen nur für atypische Antipsychotika entwickelt wurden, legt die Datenlage, mit Überlappungen der Risikoeinschätzung von atypischen und konventionellen Antipsychotika, eine Anwendung auch bei konventionellen Antipsychotika nahe. Bei Auftreten metabolischer Störungen muss, bei häufiger Reversibilität nach Absetzen, ein Umsetzversuch auf ein metabolisch günstigeres Präparat erwogen werden.

Metabolische Störungen bei Therapie mit Antipsychotika – *aktuell*

Was ist in?

- Psychiatrische Erkrankungen sind Systemerkrankungen, die die psychische und körperliche Gesundheit betreffen.
- Vermutlich ist Schizophrenie – unabhängig von der Behandlung – mit erhöhtem Risiko für Diabetes assoziiert.
- Metabolische Störungen sind kein „Klasseneffekt von Atypika": In unterschiedlichem Ausmaß führen einzelne Substanzen zu Gewichtszunahme und metabolischen Störungen.
- Der Psychiater – der „Hauptbehandler schizophrener Patienten" – muss auf metabolische Störungen untersuchen.

Was ist out?

- Psychiater ohne Waage, Maßband (Taille!), Blutdruckmessgerät, die Stoffwechselparameter nicht kontrollieren.

Literatur

1. ADA, APA, AACE, NAASO. Consensus development conference on antipsychotic drugs and obesity and diabetes. *Diabetes Care* 2004; 27:596–601.
2. Allison DB, Casey DE. Antipsychotic-induced weight gain: a review of the literature. *J Clin Psychiatry* 2001; 62 suppl 7:22–31.
3. Arranz B, Rosel P, Ramiréz N, Duenas R, Fernández P, Sanchez JM, Navarro MA, San L. Insulin resistance and increased leptin concentrations in noncompliant schizophrenia patients but not in antipsychotic-naive first-episode schizophrenia patients. *J Clin Psychiatry* 2004; 65:1335–1342.
4. Brown RR, Estoup MW. Comparison of the metabolic effects observed in patients treated with ziprasidone versus olanzapine. *Int Clin Psychopharmacol.* 2005; 20:105–112.
5. Cameron AJ, Shaw JE, Zimmet PZ. The metabolic syndrome: prevalence in worldwide populations. *Endocrinol Metab Clin North Am* 2004; 33:351–375.

6. Caro JJ, Ward A, Levinton C, Robinson K. The risk of diabetes during olanzapine use compared with risperidone use. *J Clin Psychiatry* 2002; 63:1135–1139.

7. Citrome L, Jaffe A, Levine J, Allingham B, Robinson J. Relationship between antipsychotic medication treatment and new cases of diabetes among psychiatric patients. *Psychiatr Serv* 2004; 55:1006–1013.

8. Cohen D. Atypical antipsychotics and new onset diabetes mellitus. An overview of the literature. *Pharmacopsychiatry* 2004; 37:1–11.

9. Dixon L, Weiden P, Delahanty J, Goldberg R, Postrado L, Lucksted A, Lehman A. Prevalence and correlates of diabetes in national schizophrenia samples. *Schizophrenia Bull* 2000; 26:903–912.

10. Eckel RH, Grundy SM, Zimmet PZ. The metabolic syndrome. *Lancet* 2005; 365:1415–1428.

11. Executive Summary of The Third Report of The National Cholesterol Education Program (NCEP) Expert Panel on Detection, Evaluation and Treatment of High Blood Cholesterol in Adults (Adult Treatment Panel III). *JAMA* 2001; 285:2486–2497.

12. Fontaine KR, Heo M, Harrigan EP, Shear CL, Lakshminarayaran M, Casey DE, Allison DB. Estimating the consequences of antipsychotic induced weight gain on health and mortality rate. *Psychiatry Res* 2001; 101:277–288.

13. Fuller MA, Shermock KM, Secic M, Grogg AL. Comparative study of the development of diabetes mellitus in patients taking risperidone and olanzapine. *Pharmacotherapy* 2003; 23:1037–1043.

14. Gilles M, Wilke A, Kopf D, Nonell A, Lehnert H, Deuschle M. Antagonism of the serotonin (5-HT) – 2 receptor and insulin sensitivity – implications for atypical antipsychotics. *Psychosomatic Med*, im Druck.

15. Gilles M, Kopf D, Medlin F, Forst T, Pfützner A, Lehnert H, Deuschle H. Insulin secretion and insulin sensitivity after single-dose amisulpride, olanzapine or placebo – a double blind, cross-over glucose clamp study. Eingereicht.

16. Graham KA, Perkins DO, Edwards LJ, Barrier RC, Lieberman JA, Harp JB. Effect of olanzapine on body composition and energy expenditure in adults with first-episode psychosis. *Am J Psychiatry* 2005; 162:118–123.

17. Henderson DC, Daley TB, Kunkel L, Rodrigues-Scott M, Koul P, Hayden D. Clozapine and hypertension. A chart review of 82 patients. *J Clin Psychiatry* 2004; 65:686–689.

18. Jahn H, Schneider T. Diabetes mellitus als Komplikation der Behandlung mit atypischen Neuroleptika. *Nervenarzt* 2004; 75:442–450.

19. Kingsbury SJ, Fayek M, Trufasiu D, Zada J, Simpson GM. The apparent effects of ziprasidone on plasma lipids and glucose. *J Clin Psychiatry* 2001; 62:347–349.

20. Kohen D. Diabetes mellitus and schizophrenia. Historical perspective. *Br J Psychiatry* 2004; 184 suppl:64–66.

21. Koro CE, Fedder DO, L\qItalien GJ, Weiss SS, Magder LS, Kreyenbuhl J, Revicki DA, Buchanan RW. Assessment of independent effect of olanzapine and risperidone on risk of diabetes amnong patients with schizophrenia: population-based nested case-control study. *BMJ* 2002; 325:243.

22. Leslie DL, Rosenheck RA. Incidence of newly diagnosed diabetes attributable to atypical antipsychotic medications. *Am J Psychiatry* 2004; 161:1709–1711.

23. Lund BC, Perry PJ, Brooks JM, Arndt S. Clozapine use in patients with schizophrenia and the risk of diabetes, hyperlipidemia and hypertension: a claims-based approach. *Arch Gen Psychiatry* 2001; 58:1172–1176.

24. Meltzer HY. The effect of antipsychotic drugs on lipids and other elements of the metabolic syndrome. APA congress, 2005.

25. Meyer JM, Koro CE. The effects of antipsychotic therapy on serum lipids: a comprehensive review. *Schizophrenia Res* 2004; 70:1–17.

26. Newcomer JW, Haupt DW, Melson AK et al. Fasting plasma lipids, glucose and insulin and C-reactive protein are related to adiposity in schizophrenia patients and controls [abstract]. *Abst Soc Neurosci* 2002; 895:16.

27. Osby U, Correia N, Brandt L, Ekbom A, Sparen P. Mortality and causes of death in schizophrenia in Stockholm county, Sweden. *Schizophr Res* 2000; 45:21–28.

28. Reynolds GP, Zhang Z, Zhang X. Polymorphism of the promoter region of the serotonin 5-HT (2C) receptor gene and clozapine-induced weight gain. *Am J Psychiatry* 2003; 160:677–679.

29. Ryan M, Collins P, Thakore JH. Impaired fasting glucose tolerance in first-episode drug-naive patients with schizophrenia. *Am J Psychiatry* 2003; 160:284–289.

30. Sernyak MJ, Leslie DL, Alarcon RD, Losonczy MD, Rosenheck R. Association of diabetes mellitus with use of atypical neuroleptics in the treatment of schizophrenia. *Am J Psychiatry* 2002; 159:561–566.

31. Simpson GM, Glick ID, Weiden PJ, Romano SJ, Siu CO. Randomized, controlled, double-blind multicenter comparison of the efficacy and tolerability of ziprasidone and olanzapine in acutely ill inpatients with schizophrenia or schizoaffective disorder. *Am J Psychiatry,* 2004; 161: 1837–1847

32. Spoelstra JA, Stolk RP, Cohen D, Klungel OH, Erkens JA, Leufkens HGM, Grobbee DE. Antipsychotic drugs may worsen metabolic control in type 2 diabetes mellitus. *J Clin Psychiatry* 2004; 65:674–678.

33. Sumiyoshi T, Roy A, Anil AE, Jayathilake K, Ertugrul A, Meltzer HY. A comparison of incidence of diabetes mellitus between atypical antipsychotic drugs. *J Clin Psychopharmacology* 2004; 24:345–348.

34. Thakore JH, Mann JN, Vlahos I, Martin A, Reznek R. Increased visceral fat distribution in drug-naive and drug-free patients with schizophrenia. *Int J Obes Relat Metab Disord* 2002; 26:137–141.

35. Vaish AK, Kumar H, Agrawal CG, Chandra M, Trivedi JK, ghatak A, Tekwani BL. Prevalence of hypertension in psychiatric patients. *J Assoc Physicians India* 2002; 50:800–802.

36. Zhang ZJ, Yo ZJ, Liu W, Fang Q, Reynolds GP. Effects of antipsychotics on fat deposition and changes in leptin and insulin levels. *Br J Psychiatry* 2004; 184:58–62.

Psychotherapie chronischer Depressionen

Elisabeth Schramm

Abteilung Psychiatrie und Psychotherapie, Universitätsklinikum Freiburg

Depressive Erkrankungen nehmen häufiger einen chronischen Verlauf als ursprünglich vermutet. 20–35 % aller Depressionen sind als chronisch einzustufen [1]. Mithilfe moderner Klassifikationssysteme wie dem DSM IV lassen sich chronische Depressionen in verschiedene Formen unterteilen:

- chronische Major Depressive Episoden (MDE mit einer Dauer von mehr als 2 Jahren),
- dysthyme Störung (leichter ausgeprägte Symptomatik für länger als 2 Jahre),
- Double Depression (MDE auf eine dysthyme Störung aufgesetzt) und
- MDE mit unvollständiger Remission (für mehr als 2 Jahre).

Die Punktprävalenz chronischer Depression beträgt in den USA 3–5% [2]. Es handelt sich um eine extrem beeinträchtigende Störung, die bisher als schwer behandelbar gilt und außerdem mit weniger als 10% eine geringe Spontanremission zeigt. Komplizierend ist eine hohe Komorbidität mit anderen psychischen Erkrankungen, insbesondere mit Angststörungen, Alkoholismus und Persönlichkeitsstörungen. Das Leiden und die Kosten, die diese Störungen für den einzelnen Betroffenen bzw. das Gesundheitssystem verursachen, übersteigen die Folgen der einfachen Form der Depression bei weitem. Chronische Depressionen gehen im Vergleich zu episodisch auftretenden Depressionen mit höherer psychosozialer und beruflicher Beeinträchtigung sowie Inanspruchnahme des Gesundheitssystems einher (zusammengefasst in [1]). Außerdem unternehmen chronisch depressive Patienten häufiger Suizidversuche und werden häufiger stationär aufgenommen als Patienten mit einer akuten Major Depression [3]. In mehr als 70% der Fälle beginnt die chronische Depression vor dem 21. Lebensjahr („early onset") und weist eine noch höhere Beeinträchtigung und Komorbidität mit Achse-I- und -II-Störungen sowie einen ungünstigeren Verlauf auf als chronische Depressionen mit spätem Beginn („late onset"). Außer einer Reanalyse der NIMH-Collaborative Studie von Agosti et al. [4] für die Subgruppe der chronischen Depression mit frühem Beginn liegen für diese Diagnose keine kontrollierten Studien vor. Bei dieser Reanalyse schnitten alle aktiven Behandlungen (Kognitive Therapie, Interpersonelle Psychotherapie, Imipramin) relativ schwach ab.

Datenlage zur Psychotherapie chronischer Depressionen

Studien zur Dysthymie

Während zur Wirksamkeit einer **pharmakologischen Behandlung** von Dysthymien mehrere Studien vorliegen, gibt es nur vereinzelte Untersuchungen zur **Psychotherapie** [1]. Markowitz [5] weist in einem Übersichtsartikel zu den Arbeiten bis 1998 darauf hin, dass aufgrund methodischer Schwächen (z.B. kleine Stichproben) die Ergebnisse dieser Untersuchungen nur eingeschränkt interpretierbar sind. Mit dieser Einschränkung ergab sich über alle Studien vor 1998 eine Response-Rate von 30–40%, was darauf hindeutete, dass nur wenige dysthyme Patienten von den untersuchten Psychotherapieformen profitierten.

Zusammenfassend lässt sich sagen, dass sich bis auf eine Untersuchung von Dunner et al. [6] die Medikationsbehandlung einer alleinigen Psychotherapie überlegen erwies, was möglicherweise mit der unverhältnismäßig kurzen Dauer der untersuchten psychotherapeutischen Interventionen zu begründen ist. Die bisherigen Befunde belegen keinen klaren Vorteil einer

Kombinationsbehandlung gegenüber alleiniger Medikation, wenn man nur die Reduktion der depressiven Symptomatik betrachtet. Berücksichtigt man jedoch die Unterschiede bei der Inanspruchnahme des Gesundheitssystems, die Response-Raten oder die Verbesserung der Funktionsfähigkeit, sprechen die Ergebnisse für eine Überlegenheit der Kombinationsbehandlung gegenüber alleiniger Medikation. Auch bei Patienten, die nur partiell auf Medikation ansprechen, scheint eine weitere kombinierte Behandlung Vorteile zu erbringen.

Studien zur chronischen Major Depression

Bei chronischer Major Depression zeigt sich nach der derzeitigen Datenlage eine Kombinationsbehandlung einer alleinigen Psychotherapie oder Medikation gegenüber als signifikant überlegen. Allerdings liegen neben einer groß angelegten Untersuchung von Keller et al. [7] lediglich zwei ältere kontrollierte Psychotherapie-Studien an stationär behandelten Patienten vor. In der umfassenden Studie von Keller et al. [7] (N = 681; 12 Therapiezentren) kam als Psychotherapiebedingung das Cognitive Behavioral Analysis System of Psychotherapy (CBASP) von James McCullough zum Einsatz. Dabei handelt es sich um das einzige spezifisch auf chronische Depression zugeschnittene Verfahren, bei dem behaviorale, kognitive und interpersonelle Strategien integriert werden. Ein deutsches Manual befindet sich in Druck [12]. In der Untersuchung von Keller et al. [7] erwies sich das CBASP als gleich wirksam wie die Pharmakotherapie mit Nefazodon. Die Kombination beider Verfahren war weitaus wirksamer als die beiden Monotherapien. Die Response-Rate betrug 48% in der Nefazodon- ebenso wie in der CBASP-Gruppe, im Vergleich zu 72% in der Kombinationsgruppe. Für die 519 Patienten mit abgeschlossener Therapie lagen die Response-Raten bei Nefazodon bei 55%, bei CBASP bei 52% und bei der Kombinationsbedingung bei 85%. Trotz einiger Schwächen der Studie zeigt dieses Ergebnis im Vergleich zu früheren Resultaten eine eindrucksvolle Steigerung der Wirksamkeit der einzelnen

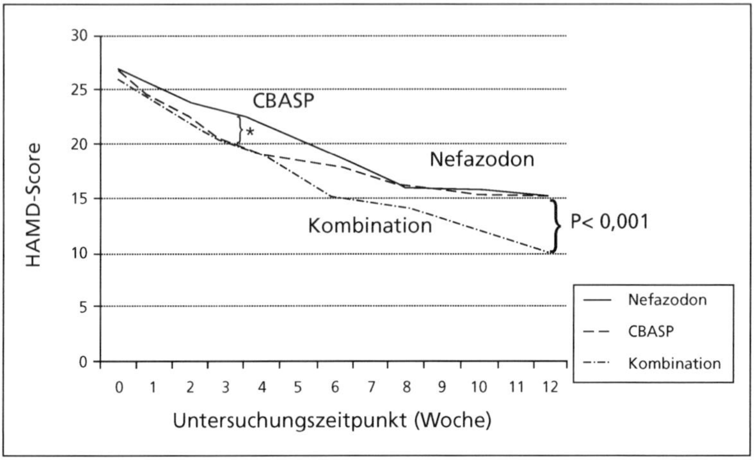

Abb. 1 Kombinationstherapie bei chronischer Depression [nach Keller et al. 2000]

Therapien, insbesondere aber der Kombinationstherapie (s. Abb. 1).

Die reinen Remissionsraten (HAMD-Wert kleiner als 9) betrugen bei Nefazodon 22%, bei CBASP 24% und in der Kombinationsbedingung 42%. Eine weitere Analyse der Daten zeigte, dass die Kombinationsbehandlung auch mit einer stärkeren Verbesserung der psychosozialen Leistungsfähigkeit einherging im Vergleich zu den beiden Monotherapien [8].

Eine neuere Veröffentlichung von Schatzberg et al. [9] wendet sich im Rahmen der Studie von Keller et al. [7] der wichtigen Frage zu, wie man Non-Responder wirksam weiterbehandeln kann. Dies traf immerhin auf 33% der Patienten zu, die eine 12-wöchige Behandlung mit entweder CBASP oder Nefazodon abgeschlossen hatten. Bei diesen Patienten zeigte sich, dass CBASP wirksam war für die Patienten, die nicht auf Nefazodon ansprachen, und umgekehrt offenbarte sich Nefazodon bei Non-Respondern auf CBASP als effektive Behandlungsalternative.

Bei der 12-monatigen Erhaltungstherapie fand man bei den Patienten, die weiterhin mit monatlichen CBASP-Sitzungen behandelt wurden, eine niedrigere Rückfallrate im Vergleich zu denen, die nur noch Untersuchungstermine hatten [10]. Außerdem gab es eine niedrigere Rückfallrate bei der Nefazodonbehandlung im Vergleich zu der Placebobedingung. Die Ergebnisse bestätigen, dass sich der Behandlungserfolg über die akute Phase der Behandlung hinaus weiter verbessern lässt, was die Bedeutung längerer Therapiezeiten bei chronischer Depression unterstreicht.

Eine Re-Analyse der Daten von Nemeroff et al. [11] mit Hinblick auf das **differentielle Ansprechen** auf Psychotherapie oder Pharmakotherapie bei Patienten mit vs. ohne Traumatisierung in der Kindheit erbrachte deutlich andere Ergebnisse als die Studie von Keller et al. [7]. Bei den chronisch depressiven Patienten mit einer Vorgeschichte von kindlicher Traumatisierung war jetzt das CBASP der Medikationsbedingung signifikant überlegen, während die Kombination aus CBASP und Pharmakotherapie der alleinigen Psychotherapie nur knapp überlegen war.

Cognitive Behavioral Analysis System of Psychotherapy (CBASP)

McCullough sieht chronische Depression als Resultat dysfunktionaler Gedanken von Hilf- und Hoffnungslosigkeit in Verbindung mit einem distanzierten interpersonellen Stil, der durch mangelndes soziales Problemlösen verstärkt wird. Basierend auf diesem Konzept, entwickelte er innovative Modifikationen der traditionellen kognitiven Therapie in Kombination mit spezifischen interpersonellen und behavioralen Techniken, die verhindern sollen, dass der Therapeut zu schnell zu viel vom Patienten verlangt, ihn aber doch systematisch mit Nachteilen eigenen Verhaltens konfrontiert und zu Veränderungen anleitet. Die CBASP-Strategien setzen an den idiosynkratischen Problemen der Behandlung chronisch depressiver Patienten an, wie beispielsweise an der oftmals feindseligen therapeutischen Beziehungsgestaltung, an der geringen Änderungsmotivation, an dem meist überschätzten Funktionsniveau des Patienten sowie der oft vermiedenen aktiven Teilnahme des Patienten an der therapeutischen Arbeit, um nur einige Punkte zu nennen. Besonders hilfreich an dem CBASP-Manual von McCullough ist, dass den zu erwartenden therapeutischen Reaktionen und Frustrationen beim Umgang mit chronisch Depressiven viel Beachtung geschenkt wird. Das Manual gibt Erklärungen, warum sich der Therapeut in diesem Kontext so fühlt, wie er sich fühlt, und wie er mit verschiedenen Impulsen und Reaktionen umgehen kann. Dazu gehört beispielsweise, der Tendenz entgegenzuwirken, für den Patienten die therapeutische Arbeit zu machen. Außerdem soll verhindert werden, dass Frustrationen entstehen, die dann in Ärger umschlagen, indem man die Übertragungsbeziehung proaktiv bearbeitet, bevor sie in problematischer Weise manifest wird. Darüber hinaus wird der Therapeut angeleitet, sich in einer bewussten und disziplinierten Weise persönlich einzubringen, damit der Patient seine eigene destruktive Entwicklungsgeschichte erkennen und revidieren kann.

Die Theorie, aus der das CBASP abgeleitet wird, integriert ganz verschiedene, in der Psychologie bedeutsame Denkansätze von Piaget, Seligman, Skinner, Kiesler, Bandura, u.a. Die Bezüge sind gut nachvollziehbar. Wie weit sie aber über Analogien hinausgehen (etwa beim zentralen Bezug auf Piagets präoperatorische Phase) und durch systematische empirische Untersuchungen an chronisch Depressiven erhärtet werden können, ist derzeit offen. Es bleibt anhand weiterer Therapiestudien und deren Evaluation und durch Grundlagenforschung an dieser Gruppe bzw. den zwei Gruppen („early" und „late onset") zu überprüfen, ob die theoretischen Annahmen zutreffen und ob sie spezifisch für die Entwicklung chronischer Depression sind. Relevant ist auch die Frage nach der möglichen Modifizierbarkeit für andere chronische Krankheitsbilder wie beispielsweise soziale Angststörungen oder chronische PTSD.

Ob die dem CBASP zugrunde liegende Theorie zutrifft, ist noch offen, ein empirischer Nachweis der Wirksamkeit des Verfahrens ist bereits erbracht.

Psychotherapie chronischer Depressionen – *aktuell*

Was ist in?

- Kombination von störungsspezifischer Psychotherapie (Cognitive Behavioral Analysis System of Psychotherapy; CBASP) und Pharmakotherapie.
- Integratives Vorgehen, bei dem interpersonelle, behaviorale und kognitive Strategien systematisch und auf die Pathologie des Patienten zugeschnitten eingesetzt werden.
- Berücksichtigung differentieller Indikation (z.B. frühes Trauma in der Vorgeschichte).
- Augmentation mit Psychotherapie bei mangelndem Ansprechen auf Pharmakotherapie bei Dysthymien.

Was ist out?

- Resignation und Frustration bezüglich der Behandlung chronischer Depressionen.
- Zu kurz angesetzte Interventionen statt Akut- und Erhaltungstherapie.
- Unterschätzung der Häufigkeit und Relevanz chronischer Depressionen.

Was wird gebraucht?

- Weitere Evaluation der Wirksamkeit und Wirkweise des Cognitive Behavioral Analysis System of Psychotherapy (CBASP).
- Empirische Überprüfung der zugrunde liegenden theoretischen Annahmen des CBASP.
- Weitere Studien zur Erforschung der differentiellen Indikation bei chronisch Depressiven mit frühem vs. mit spätem Beginn.

Literatur

1. Arnow BA, Constantino MJ. Effectiveness of psychotherapy and combination treatment for chronic depression. *J Clin Psychol* 2003; 59:893–905.
2. Kessler RC, McGonagle KA, Zhao S, Nelson CB, Hughes M, Eshleman S, Wittchen HU, Kendler KS. Lifetime and 12-month prevalence of DSM-III-R psychiatric disorders in the United States. Results from the National Comorbidity Survey. *Arch Gen Psychiatry* 1994; 51:8–19.
3. Klein DN, Schatzberg AF, McCullough JP, Keller MB, Dowling F, Goodman D, Howland RH, Markowitz JC, Smith C, Miceli R, Harrison WM. Early-versus late-onset dythymic disorder: comparison in out-patients with superimposed major depressive episodes. *J Affect Disord* 1999; 52:187–196.
4. Agosti V, Ocepek-Welikson K. The efficacy of imipramine and psychotherapy in early-onset chronic depression: a reanalysis of the National Institute of Mental Health Treatment of Depression Collaborative Research Program. *J Affect Disord* 1997; 43:181–186.
5. Markowitz JC. Psychotherapy of dysthymia. *Am J Psychiatry* 1994; 151:1114–1121.
6. Dunner DL, Schmaling KB, Hendrickson H, Becker J, Lehman A, Bea C. Cognitive therapy versus fluoxetine in the treatment of dysthymic disorder. *Depression* 1996; 4:34–41.
7. Keller MB, McCullough JP, Klein DN, Arnow B, Dunner DL, Gelenberg AJ, Markowitz JC, Nemeroff CB, Russell JM, Thase ME, Trivedi MH, Zajecka J. A comparison of nefazodone, the cognitive behavioral-analysis system of psychotherapy, and their combination for the treatment of chronic depression. *N Engl J Med* 2000; 342:1462–1470.
8. Hirschfeld RM, Dunner DL, Keitner G, et al. Does psychosocial functioning improve independent of depressive symptoms? A comparison of nefazodone, psychotherapy, and their combination. *Biol Psychiatry* 2002; 51:123–133.
9. Schatzberg AF, Rush AJ, Arnow BA, et al. Chronic depression: medication (nefazodone) or psychotherapy (CBASP) is effective when the other is not. *Arch Gen Psychiatry* 2005; 62(5):513–520.
10. Klein DN, Santiago NJ, Vivian D, Blalock JA, Kocsis JH, Markowitz JC, McCullough Jr JP, Rush AJ, Trivedi MH, Arnow BA, Dunner DL, Manber R, Rothbaum B, Thase ME, Keitner GI, Miller IW, Keller MB. Cognitive-behavioral analysis system of psychotherapy as a maintenance treatment for chronic depression. *J Consult Clin Psychol* 2004; 72:681–688.
11. Nemeroff CB, Heim CM, Thase ME, Klein DN, Rush AJ, Schatzberg AF, Ninan PT, McCullough JP, Jr., Weiss PM, Dunner DL, Rothbaum BO, Kornstein S, Keitner G, Keller MB. Differential responses to psychotherapy ver-

sus pharmacotherapy in patients with chronic forms of major depression and childhood trauma. *Proc Natl Acad Sci U S A* 2003; 100:14 293–14 296.

12. McCullough JP: Behandlung der chronischen Depression. Deutsche Übersetzung von Schramm E., Schweiger U., Hohagen F., Berger M. Elsevier, Urban & Fischer Verlag, München (im Druck).

Tiefenhirnstimulation bei psychischen Erkrankungen

Ulrich Voderholzer[1], Thomas Schläpfer[2] und Klaus Lieb[1]

[1] Abteilung Psychiatrie und Psychotherapie, Universitätsklinikum Freiburg

[2] Klinik für Psychiatrie und Psychotherapie, Universitätsklinikum Bonn

Die Tiefenhirnstimulation ist ein neurochirurgisches Therapieverfahren, das innerhalb des letzten Jahrzehnts die Behandlung neurologischer Erkrankungen, insbesondere von Krankheiten des Bewegungssystems revolutioniert hat. Gegenwärtig wird Tiefenhirnstimulation bei Morbus Parkinson, insbesondere bei ausgeprägtem Tremor, bei essentiellem Tremor sowie bei Dystonie eingesetzt und bei weiteren Indikationen wie z.B. Clusterkopfschmerz getestet. Seit einigen Jahren werden Versuche unternommen, das Verfahren auch in der Behandlung schwerer, therapierefraktärer psychischer Erkrankungen einzusetzen, insbesondere bei schweren therapieresistenten Zwangserkrankungen sowie bei therapierefraktären Depressionen.

Im folgenden Artikel werden die Ergebnisse bisher durchgeführter offener Studien zusammengefasst und die künftige Bedeutung des Verfahrens innerhalb des Spektrums der Therapiemöglichkeiten bei psychischen Erkrankungen diskutiert.

Der Einsatz neurochirurgischer Verfahren bei psychischen Erkrankungen hat eine lange Historie, die bis in das 19. Jahrhundert zurückreicht, d.h. in eine Zeit, als praktisch keine effektiven Behandlungsmöglichkeiten verfügbar waren [1]. Die damaligen chirurgischen Interventionen waren der Versuch, durch irreversible Zerstörung von Hirngewebe psychopathologische Symptome zu beseitigen. Die Folgen waren meist schwere Persönlichkeitsveränderungen, emotionale Abflachung und kognitive Störungen. In den letzten Jahrzehnten wurden nach

Tabelle 1 Zielorte neurochirurgischer Interventionen bei therapieresistenten psychischen Erkrankungen

Verfahren	Methode	Ziel	Indikation
Anteriore Cingulotomie	Konventionelle Chirurgie Thermokoagulation Gamma-Messer	Brodmann-Area 24 und 32	Therapieresistente Zwangsstörung, Depression und Schmerzstörungen
Subkaudate Traktotomie	Konventionelle Chirurgie Thermokoagulation Gamma-Messer	Substantia innominata (Durchtrennung orbitofrontosubkortikaler Verbindungen)	Therapieresistente Zwangsstörung und Depression
Limbische Leukotomie	Thermokoagulation Konventionelle Chirurgie	Im Wesentlichen Kombination von Anteriorer Cingulotomie und Subkaudater Traktotomie	Therapieresistente Zwangsstörung und Depression, schwere Selbstverletzungen
Anteriore Kapsulotomie	Konventionelle Chirurgie Thermokoagulation Gamma-Messer	Vorderer Schenkel der inneren Kapsel	Therapieresistente Zwangsstörung
Stimulation im ant. Bereich der inneren Kapsel/Nucleus Accumbens	Tiefenhirnstimulation	Vorderer Schenkel der capsula interna, Schale des N. accumbens	Therapieresistente Zwangsstörung und Depression
Stimulation des subgenualen Cingulums	Tiefenhirnstimulation	Brodmann-Area cg 25 (Weiße Substanz)	Therapieresistente Depression

Einführung der stereotaktischen Neurochirurgie sehr viel gezieltere Eingriffe möglich, bei denen es zu weniger Nebenwirkungen kam. Bei der Mehrzahl der Indikationen wurde dieser Ansatz jedoch wieder aufgegeben, nachdem mit den Fortschritten der modernen Psychopharmakologie und Psychotherapie zunehmend wirksamere Behandlungsstrategien verfügbar wurden. In einem geringen Ausmaß wurden jedoch bis in die jüngste Zeit bei extrem schweren therapieresistenten psychischen Erkrankungen, wie z.B. Zwangsstörungen, Depressionen, chronifizierten Schmerzsyndromen oder schwerer Selbstverletzung stereotaktische Interventionen durchgeführt, indem gezielte kleine Areale, entweder durch Thermokoagulation oder mit dem „Gamma-Messer" (Gamma-knife), zerstört wurden (s. Tab. 1).

Wie aus der Tabelle ersichtlich ist, gab es bei den irreversiblen stereotaktischen Verfahren kein einheitliches Vorgehen. Von einigen Zentren wurde die anteriore Kapsulotomie, von anderen Zentren die anteriore Cingulotomie bzw. die subkaudate Traktotomie durchgeführt. Bis heute gibt es keine einzige Studie mit einem neurochirurgischen Verfahren bei psychischen Erkrankungen, bei der auch eine Kontrollgruppe mit eingeschlossen wurde. Da die eingeschlossenen Patienten in der Regel eine lange Vorgeschichte verschiedenster erfolgloser Behandlungsversuche hinter sich hatten, ist jedoch davon auszugehen, dass es sich bei den Responderraten von ca. 40–50% der behandelten Patienten nicht vornehmlich um Placeboeffekte handelt.

Mit der Tiefenhirnstimulation steht nun erstmals ein weitgehend reversibles und modifizierbares stereotaktisches Verfahren zur Verfügung, welches auch die Überprüfung der Wirksamkeit in Doppelblindversuchen ermöglicht. Bei diesem Verfahren werden stereotaktisch uni- oder bilaterale Elektroden in einer Zielregion implantiert und mit einem Neurostimulator verbunden, der im Bereich der Brust unter der Haut eingepflanzt wird. Die chronische Hochfrequenz-Stimulation mit 150–185 Hz führt zu einer Verminderung der neuronalen Erregungsausbreitung wahrscheinlich durch Inaktivierung spannungsabhängiger Ionenkanäle. Dies wird entweder durch direkte Unterbrechung der neuronalen Aktivität oder sekundär durch Aktivierung GABA-erger Mechanismen erreicht. Die Amerikanische Arzneimittelbehörde (Food and Drug Administration = FDA) hat die Tiefenhirnstimulation in der Anwendung bei Morbus Parkinson, essentiellem Tremor und primärer Dystonie zugelassen. Zielort der Stimulation ist bei Parkinsonpatienten der Nucleus subthalamicus (STN), bei Dystoniepatienten dagegen der Globus pallidus internus. Da der Strom an- und abgeschaltet werden kann, ohne dass die Patienten in der Regel dies unmittelbar spüren, erlaubt das Verfahren auch erstmals, die Effekte einer neurochirurgischen Intervention im Doppelblindverfahren zu testen.

„Psychische Nebenwirkungen" der Tiefenhirnstimulation

Die bisherigen Erfahrungen mit Tiefenhirnstimulation bei Parkinson- und Dystoniepatienten zeigten, dass das Verfahren nicht nur motorische Symptome beeinflussen, sondern auch affektive Symptome hervorrufen kann [2–4]. Beispielsweise kommt es bei Nucleus subthalamicus-Stimulation bei einem Teil der Patienten zu akuten oder verzögert auftretenden depressiven Symptomen bis hin zu Suizidalität, aber auch (Hypo-) Manien und kognitiven Störungen. Verschiedene Erklärungen wurden herangezogen, um diese affektiven Nebenwirkungen der Tiefenhirnstimulation zu erklären. Es ist bekannt, dass der Nucleus subthalamicus nicht nur in der Regulation motorischer Systeme, sondern auch limbisch kortikaler-subkortikaler Regelschleifen involviert ist, die bei der Affektregulation eine Rolle spielen. Darüber hinaus liegt der Nucleus subthalamicus in enger Nachbarschaft zu Bahnverbindungen zwischen dem anterioren Cingulum, ventralen Striatum und frontalen Regionen. Es ist daher nicht auszuschließen, dass durch STN-Stimulation auch umliegende Bahnverbindungen mitstimuliert werden. Auch psychologische Faktoren, etwa i.S. depressiver Reaktionen nach einem Rollenwechsel infolge verbesserter physischer Funktionen, wurden diskutiert. Andere Erklärungen zielen auf pharmakologische Effekte. Aufgrund der therapeutischen Stimulation kann die dopaminerge Medikation oft massiv reduziert werden. Dies wiederum könnte infolge einer geringeren Stimulation mesolimbischer und mesokortikaler Regionen zu einer gedrückten Stimmung führen. Auch wurde vermutet, dass eine vorhandene Depression bei Parkinsonpatienten nach Besserung der motorischen Symptome demaskiert werden könnte.

Bisherige Studien mit Tiefenhirnstimulation bei therapierefraktären Zwangsstörungen

Bei der Zwangserkrankung liegen die meisten Erfahrungen mit Tiefenhirnstimulation vor. Der erste Bericht stammt von einer belgischen Arbeitsgruppe, die bei 4 Patienten mit schwerer therapierefraktärer Zwangsstörung beidseitige 4-polige Elektroden in den vorderen Schenkel der Capsula interna legten und bei 3 von 4 Patienten positive Effekte auf die schwere Zwangssymptomatik beobachteten [5, 6]. Der Zusammenhang zwischen der elektrischen Stimulation und den positiven Effekten auf die Symptomatik hielt auch einer doppelblinden Prüfung stand (Stimulator „on“ versus „off“). Mallet und Mitarbeiter [7] berichteten von 2 Patienten mit einer langjährigen Zwangserkrankung, die aufgrund einer schweren Parkinson-Erkrankung Tiefenhirnelektroden erhalten hatten und bei denen es innerhalb von 14 Tagen zu einem Rückgang der Zwangsgedanken und zu einem vollständigen Sistieren der Zwangshandlungen kam.

Der jüngste Bericht stammt von einer amerikanischen Arbeitsgruppe, die 4 Patienten nach Implantation von beidseitigen Tiefenhirnelektroden mit einem verblindeten On-Off-Design und anschließend, im Rahmen einer offenen Langzeitfollow-up-Studie, untersucht hat [8]. Alle 4 Patienten mit Zwangsstörung hatten mindestens vier medikamentöse Therapieversuche und mindestens eine 12-wöchige intensive Verhaltenstherapie ohne nennenswerten Erfolg absolviert. Die Spitze der Elektroden wurde an der Basis der Capsula interna platziert, dort wo der Nucleus accumbens anschließt (s. Abb. 1).

Diese Lokalisation der Elektrodenspitze entspricht der Zielregion der früher durchgeführten irreversiblen anterioren Kapsulotomie. Die Testung der Wirksamkeit erfolgte doppelblind in jeweils vier konsekutiven dreiwöchigen Perioden, deren Reihenfolge randomisiert war. Bei einer Patientin kam es wiederholt bei eingeschaltetem Strom zu einer dramatischen Besserung, nach Abschalten des Stromes oder leerer Batterie regelmäßig zu einer deutlichen Verschlechterung des Affekts und der Zwänge. Bei 2 Patienten kam es zu einer leichten Besserung, beim vierten Patienten war kein Effekt nachzuweisen. Zu einer Komplikation im Langzeitverlauf kam es bei einer Patientin, die sich zunächst bei fortgesetzter Stimulation mäßig ge-

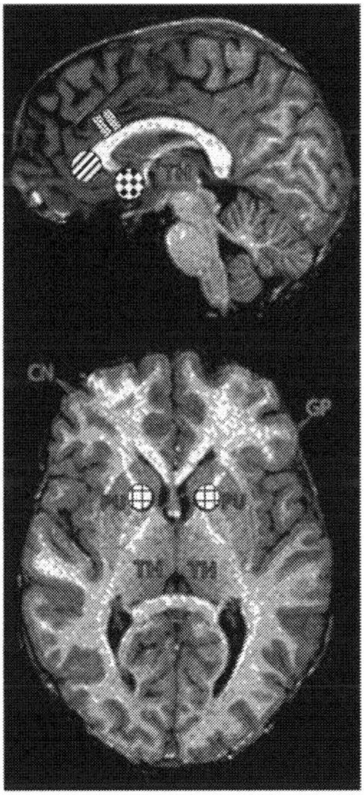

Abb. 1 Neurochirurgische Zielregionen der Tiefenhirnstimulation bei therapieresistenten Zwangsstörungen und therapieresistenter Depression

bessert, dann nach weiterer Besserung im Rahmen einer intensiven Verhaltenstherapie ihre Berufstätigkeit in einer neuen Arbeitsstelle aufnahm, diese jedoch aufgrund von Stress und Überforderung bald wieder aufgeben musste und kurz danach Suizid beging.

An der Kölner Neurochirurgischen Klinik unter Leitung von Prof. Sturm wird derzeit eine offene Studie bei Patienten mit schweren Angst- und Zwangsstörungen sowie in Kooperation mit der Psychiatrisch-Psychotherapeutischen Universitätsklinik in Köln eine doppelblinde Studie durchgeführt, bei der insgesamt 20 Patienten mit therapierefraktärer Zwangsstörung mit Tiefenhirnstimulation behandelt werden sollen. Im Unterschied zum Vorgehen der belgischen und der amerikanischen Arbeitsgruppe wird die Spitze der Elektrode nicht im vorderen Schenkel der inneren Kapsel, sondern noch etwas tiefer im Bereich der Schale des Nucleus accumbens platziert. Nach ersten Berichten seien bei 7 von 9 in der ersten offenen Serie behandelten Patienten Besserungen eingetreten [9].

Bisherige Ergebnisse der Tiefenhirnstimulation bei therapierefraktärer Depression

Die Erfahrungen bei therapierefraktärer Depression sind noch deutlich jünger. Bislang liegt nur ein Bericht einer amerikanischen Arbeitsgruppe über die Ergebnisse bei 6 Patienten mit „multi-therapieresistenter Depression", d.h. mehrfachen erfolglosen medikamentösen Vorbehandlungen und auch Elektrokrampftherapie, vor [10]. Der Zielort für die Implantation und Stimulation war hier die subgenuale Region des anterioren Cingulums (Brodmann-Area cg 25, s. Abb. 1). Diese Region zeigt bei funktionell bildgebenden Untersuchungen bei therapieresistenten Depressionen eine Hyperaktivität und spielt eine wichtige Rolle bei der akuten Stimulus-induzierten Traurigkeit. Auch konnte in Verlaufsuntersuchungen gezeigt werden, dass es nach Besserung der Depression durch Pharmakotherapie, Psychotherapie, aber auch nach erfolgreicher Placebo-Behandlung, zu einer Verminderung der metabolischen Aktivität in diesen Regionen kommt [12]. Von den 6 Patienten zeigten 4 Patienten eine anhaltende Besserung i.S. einer deutlichen Reduktion der Depressionswerte.

Zukünftige Bedeutung des Verfahrens

Das Verfahren der Tiefenhirnstimulation hat durch die Erfolge im Bereich der Behandlung des Morbus Parkinson und der Dystonie verbreitetes Interesse im Bereich der Psychiatrie und Psychotherapie hervorgerufen. Erstmals steht ein weitgehend reversibles und modifizierbares neurochirurgisches Verfahren zur Verfügung, dessen Wirksamkeit sogar doppelblind getestet werden kann. Im Gegensatz zu M. Parkinson und Dystonie fehlen jedoch bei psychischen Erkrankungen bislang kontrollierte Studien. Die Erfahrungen beschränken sich auf offene Fallserien sowie doppelblinde Testungen bei einzelnen Patienten, zum Teil mit positiven Resultaten. Abelson und Mitarbeiter [8] heben in der Diskussion ihrer Arbeit hervor, dass infolge der Auswahl „multitherapieresistenter" Patienten für Studien mit Tiefenhirnstimulation vermutlich geringere Therapiechancen bestehen und somit die Wirksamkeit des Verfahrens auch bei psychischen Erkrankungen unterschätzt werden könnte.

Zuletzt soll auf verschiedene Bedenken hingewiesen werden, die eine Anwendung des Verfahrens im Bereich psychischer Erkrankungen nur unter Einhaltung strengster Kriterien als gerechtfertigt erscheinen lassen:

- Es muss gewährleistet sein, dass vorher alle evidenz-basierten Therapiemöglichkeiten über einen ausreichend langen Zeitraum qualitativ hochwertig durchgeführt wurden.
- Es muss bedacht werden, dass das Verfahren in seltenen Fällen zu Komplikationen wie Blutung, Infektion oder Hemiparesen führen kann [13], so dass diese Risiken mit dem zu erwartenden Nutzen sorgfältig mit dem Patienten abgewogen werden müssen.

Tiefenhirnstimulation bei psychischen Erkrankungen – *aktuell*

Was ist in?

- Tiefenhirnstimulation bei M. Parkinson und Dystonie.
- Wirksamkeitsprüfung bei therapieresistenter Zwangsstörung und therapieresistenter Depression von einzelnen Zentren.

Was ist out?

- Der Einsatz irreversibler neurochirurgischer Verfahren bei therapieresistenten psychischen Erkrankungen wie anteriore Cingulotomie, anteriore Kapsulotomie, subcaudate Traktotomie.

Was wird gebraucht?

- Kontrollierte Therapiestudien mit größeren Fallzahlen.
- Konsensusrichtlinien, die den Einsatz des Verfahrens nach strengsten medizinischen, wissenschaftlichen und ethischen Kriterien regeln.
- Höhere Aufmerksamkeit für affektive Nebenwirkungen von Tiefenhirnstimulation bei M. Parkinson und anderen neurologischen Indikationen.

- Es muss bedacht werden, dass viele Patienten sich an ein solches Verfahren als ihre allerletzte Hoffnung klammern und hoffen, ein „verlorenes Leben“ wieder zu gewinnen. Dies kann bei Erfolglosigkeit für die Patienten eine starke Belastung darstellen [8].
- Es muss geklärt sein, dass der Patient uneingeschränkt zustimmungsfähig ist und alle Aspekte der Entscheidung voll erfasst. Es erscheint notwendig, dass die Anwendung des Verfahrens generell und auch im Einzelfall durch eine Ethikkom-

mission überprüft und dass die Indikation und Prüfung strengster Einschlusskriterien von mindestens einem Facharzt, der nicht zum Forscherteam gehört, bestätigt werden sollte.

Fazit

Solange nicht kontrollierte Therapiestudien vorliegen, bleibt der Einsatz der Tiefenhirnstimulation zur Behandlung psychischer Störungen hochspezialisierten Zentren vorbehalten, in denen Psychiater und Psychotherapeuten, stereotaktische Neurochirurgen und Ethikkommissionen eng zusammenarbeiten. Konsensus-Richtlinien für die Behandlung werden gegenwärtig erarbeitet.

Literatur

1. Burckhardt G. Über Rindenexcisionen als Beitrag zur operativen Therapie der Psychosen. *Allgemeine Z Psychiatrie* 1891; 47:463–548.
2. Bejjani BP, Damier P, Arnulf I, et al. Transient acute depression induced by highfrequency deep-brain stimulation. *N Engl J Med* 1999; 340:1476–80.
3. Berney A, Vingerhoets F, Perrin A, et al. Effect on mood of subthalamic DBS for Parkinson\qs disease: a consecutive series of 24 patients. *Neurology* 2002; 59:1427–9.
4. Schneider F, Habel U, Volkmann J, et al. Deep brain stimulation of the subthalamic nucleus enhances emotional processing in Parkinson disease. *Arch Gen Psychiatry* 2003; 60:296–302.
5. Nuttin B, Cosyns P, Demeulemeester H et al. Electrical stimulation in anterior limbs of internal capsules in patients with obsessive-compulsive disorder [letter]. *Lancet* 1999; 354:1526.
6. Nuttin BJ, Gabriels LA, Cosyns PR, et al. Long-term electrical capsular stimulation in patients with obsessive-compulsive disorder. *Neurosurgery* 2003; 52:1263–72; discussion 1272–4.
7. Mallet L, Mesnage V, Houeto J-L et al. Compulsions, Parkinson\Qs disease, and stimulation. *Lancet* 2002; 360:1302–1304.
8. Abelson JL, Curtis GC, Sagher O, et al. Deep brain stimulation for refractory obsessive compulsive disorder. *Biol Psychiatry* 2005; 57:510–516.
9. Albrecht B. Stereotaxie/Hirnschrittmacher Rückkehr der Psychochirurgie. *Deutsches Ärzteblatt/PP/Heft 10* Oktober 2004.

10. Mayberg HS, Lozano AM, Voon V, et al. Deep brain stimulation for treatment-resistant depression. *Neuron* 2005; 45(5):651–60.

11. Mayberg HS. Positron emission tomography imaging in depression: a neural systems perspective. *Neuroimaging Clin N Am* 2003; 13:805–15.

12. Albrecht B. Rückkehr der Psychochirurgie. *Deutsches Ärzteblatt* 2004; 101:2594–2596.

13. Deep-brain stimulation of the subthalamic nucleus or the pars interna of the globus pallidus in Parkinson's disease. *N Engl J Med* 2001; 345:956–63.

Prävention von posttraumatischen Belastungsstörungen nach Wege- und Arbeitsunfällen

Heide Hecht und Mathias Berger

Abteilung für Psychiatrie und Psychotherapie, Universitätsklinikum Freiburg

Drei Monate nach einem zur stationären Aufnahme führenden Verkehrsunfall leiden im Schnitt etwa 24% der Unfallopfer an einer posttraumatischen Belastungsstörung (PTBS), nach einem Jahr erfüllen immerhin noch etwa 15% die Diagnose-Kriterien [1]. Vergleichbare Morbiditätsraten wurden in einer im Universitätsklinikum Freiburg durchgeführten Studie gefunden [2]. In Anbetracht der Häufigkeit von Unfällen und deren hohem Morbiditätsrisiko stellt sich die Frage der Prävention durch gezielte Frühinterventionen zur Vermeidung solcher mittel- und langfristig negativen Entwicklungen.

Gibt es Indikatoren für eine Frühintervention?

Unmittelbar nach einem Autounfall entwickeln etwa 60% der stationär behandelten Unfallopfer vorübergehend eine akute Belastungsreaktion mit Dissoziationen, Intrusionen, Vermeidungsverhalten und Übererregung. Da jedoch eine solche *akute Belastungsreaktion* nur bei etwa einem Drittel aller Unfallopfer der Entwicklung einer PTBS vorausgegangen ist [3], stellen diese Akutreaktionen lediglich *einen* Risikofaktor für die Entwicklung einer PTBS dar. Prognostisch ungünstig sind auch spezifische *peritraumatische Reaktionen* wie etwa die Wahrnehmung des Unfallgeschehens als lebensbedrohlich sowie ausgeprägte Dissoziationen während des Unfallgeschehens [3, 4]. *Vorbestehende*, zum Zeitpunkt des Unfalls nicht unbedingt manifeste *psychische Erkrankungen* erhöhen ebenfalls das Morbiditätsrisiko für eine PTBS [2, 5].

Eine unfallnahe Selektion psychotherapiebedürftiger Patienten kann sich aufgrund der dürftigen Datenlage also nicht auf einen einzigen der oben genannten Indikatoren stützen. Für den Kliniker ist deshalb vor Einleitung einer Frühintervention eine sorgfältige Anamnese unter systematischer Berücksichtigung aller Risikofaktoren (und der aktuellen sozialen Situation) unumgänglich. Im wissenschaftlichen Bereich fehlen insbesondere Studien, in denen das Zusammenspiel von initialer Symptomatik, biologischen Frühindikatoren und kognitiven Faktoren untersucht wird.

Gibt es wirksame Frühinterventionen?

Im Rahmen von „Psychological Debriefing" wird einmalig und zeitnah in 2- bis 4-stündigen Sitzungen nach einem festen Protokoll das Unfallgeschehen beschrieben, damit verbundene Gefühle und Bewertungen aktiviert sowie Informationen über traumatypische Beschwerden und deren Behandlungsmöglichkeiten vermittelt. Eine Cochrane-Metaanalyse [6] konnte die Wirksamkeit dieses Verfahrens (bei verschiedenen Traumata) für das Einzelsetting jedoch nicht bestätigen. Bei Unfallopfern ergaben sich sogar schädliche Effekte [7].

Trotz der gesundheitspolitischen Relevanz gibt es nur wenige Studien zur Wirksamkeit anderer Formen psychologischer Frühinterventionen. Die evaluierten kognitiv-behavioralen Frühinterventionen (4–5 Sitzungen, meist 1,5-stündig) basieren im Wesentlichen auf folgenden Therapiebausteinen: Psychoedukation, Rekonstruktion des Unfallgeschehens und -erlebens, Exposition (meist in-sensu) und kognitive Interventionen. Patienten mit akuter Belastungsreaktion, die innerhalb von 2 Wochen nach dem Unfall mit kognitiv-behavioraler Kurzintervention behandelt wurden [8–10], waren auf Symptom- und Diagnoseebene sowohl nach 6 Monaten wie auch nach vier Jahren signifikant weniger beeinträchtigt als unter der Kontrollbedingung (psychological counseling). In einer weiteren Studie [11] wurde später (5 –10 Wochen nach dem Unfall) mit der Frühinterven-

Screening-Fragebogen zu Beschwerden nach einem Unfall

Name: ______________________ Station: ___________________

Alter: ____________ Heutiges Datum: ____________

Geschlecht: _______ Unfalltag: _________________

Sie haben vor wenigen Tagen einen Unfall erlitten. Viele Menschen haben nach einem solchen Ereignis nicht nur körperliche Beschwerden erlitten, sondern leiden auch seelisch unter den Folgen des Unfalls. Hier ist eine Liste von Beschwerden, die nach einem Unfall häufig beobachtet werden. Um Ihnen besser helfen zu können, kreuzen Sie bitte bei den nachfolgenden Fragen an, ob Sie seit dem Unfall unter den angegebenen Problemen gelitten haben. Wichtig ist, dass diese Beschwerden vor dem Unfall nicht vorhanden waren.

1. Hatten Sie während des Unfalls oder kurz danach starke Angst (oder evtl. sogar Todesangst)?
   Ja ❍ Nein ❍
2. Fühlten Sie sich während des Unfalls oder kurz danach hilflos?
   Ja ❍ Nein ❍
3. Fühlen Sie sich psychisch sehr belastet, wenn Sie etwas sehen oder hören, das Sie an den Unfall erinnert?
   Ja ❍ Nein ❍
4. Spüren Sie Wellen von starken Gefühlen in Zusammenhang mit dem Unfall (Aufgewühltsein oder Unwohlsein)?
   Ja ❍ Nein ❍
5. Fällt es Ihnen schwer, einzuschlafen oder durchzuschlafen, weil Ihnen Bilder oder Gedanken über den Unfall in den Sinn kommen?
   Ja ❍ Nein ❍
6. Haben Sie plötzlich auftretende Bilder vom Unfall in Ihrem Kopf?
   Ja ❍ Nein ❍
7. Haben Sie belastende Träume oder Alpträume vom Unfall?
   Ja ❍ Nein ❍
8. Vermeiden Sie über den Unfall nachzudenken?
   Ja ❍ Nein ❍
9. Haben Sie den Eindruck, dass Ihre Fähigkeit Gefühle zu erleben, eingeschränkt ist (sich abgestumpft fühlen)?
   Ja ❍ Nein ❍
10. Befürchten Sie schlimme Folgen für Ihre Gesundheit (u.a. durch körperliche Behinderung)?
    Ja ❍ Nein ❍

Summe: _____

tion begonnen. Aufgenommen wurden Patienten mit mindestens mäßig ausgeprägten PTBS-Symptomen, vorbestehende psychische Störungen waren ein Ausschlusskriterium. Im Vergleich mit psychotherapeutisch unbehandelten Kontrollen ließ sich bei den leicht bis mittelschwer verletzten Unfallopfern durch die Frühintervention die PTBS-Symptomatik, insbesondere im mittelfristigen Verlauf (nach 13 Monaten), signifikant reduzieren. Positive Effekte auf depressive und Angstsymptome waren nicht nachweisbar. In der Freiburger Arbeitsunfallstudie [FAUST; 12] stellten vorangegangene psychische Störungen kein Ausschlusskriterium dar. In der Interventions-, nicht jedoch in der unbehandelten Kontrollgruppe, reduzierte sich die Symptomatik signifikant im Beobachtungszeitraum (15 Monate).

Beim Gruppenvergleich ergaben sich nur für anfänglich schwer beeinträchtigte Patienten bedeutsame Effekte für die Interventionsgruppe. Insbesondere bei den psychisch vorerkrankten Patienten war diese Symptomreduktion jedoch nicht ausreichend, um unter den für eine PTBS-Diagnose notwendigen Schwellenwert zu kommen. In einer weiteren Studie [13], die aufgrund ihres Designs – die Patienten erfüllten bei Studieneintritt (etwa 4 Monate nach dem Unfall) bereits die Kriterien für eine PTBS – nicht als Frühintervention zu betrachten ist, konnte gezeigt werden, dass durch „angeleitete" Selbstbeobachtung (wiederholte Messung der PTBS-Symptomatik) immerhin 12% der Risikopatienten remittierten.

Für die klinische Praxis lässt sich aus diesen Befunden ableiten, dass bei Unfallopfern mit stark ausgeprägter initialer Symptomatik (z.B. mindestens 7 PTBS-Symptome in einem Screening-Fragebogen (s.o.) [12, 14]) eine kognitiv-behaviorale Frühintervention indiziert erscheint, wobei sich zum gegenwärtigen Zeitpunkt keine empirisch begründeten Aussagen über die Intensität dieser Frühintervention für spezifische Risikogruppen wie z.B. Patienten mit vorbestehenden psychischen Störungen machen lassen. Bei symptomatisch weniger stark beeinträchtigten Patienten empfiehlt sich eine kontinuierliche Beobachtung

Prävention von PTBS nach Wege- und Arbeitsunfällen – *aktuell*

Was ist in?

- Kognitive behaviorale Frühinterventionen bei initial erheblich belasteten Patienten.
- Beobachtendes Abwarten bei initial weniger schwer beeinträchtigten Patienten.

Was ist out?

- Psychological Debriefing.

Was wird gebraucht?

- Randomisierte, kontrollierte Studien zur Indikationsstellung: Bei welchen Patienten ist eine kognitiv-behaviorale Frühintervention indiziert? Wie viele Sitzungen sind notwendig? Was ist das optimale Zeitfenster für eine Frühintervention? Wer benötigt aufgrund welcher Indikatoren eine zeitintensivere psychologische Behandlung (z.B. Kurzzeittherapie)?
- Randomisierte, kontrollierte Studien zum Nutzen medikamentöser Frühinterventionen.

des Spontanverlaufs, um erst bei ausbleibender Remission oder sogar Verschlechterung eine Psychotherapie einzuleiten.

Bei körperlich schwer beeinträchtigten, z.B. intensivmedizinisch behandelten Patienten sind psychologische Frühinterventionen kaum durchführbar. Bei diesen Patienten, die durch die möglicherweise traumatisch erlebte intensivmedizinische Betreuung ein erhebliches zusätzliches PTBS-Risiko aufweisen, ist an eine medikamentöse Frühintervention zu denken. Bis auf eine Studie, in der sich durch die Behandlung mit Glukokortikoiden das PTBS-Risiko reduzierte [15], fehlen bislang jedoch Studien zur Wirksamkeit medikamentöser Frühinterventionen.

Trotz empirischer Belege für die Wirksamkeit psychologischer Frühinterventionen bleiben wesentliche, für eine Indikationsstellung notwendige Fragen unbeantwortet. Unklar ist insbesondere, bei welchen Patienten wann und in welcher „Dosis" eine Frühintervention notwendig ist.

Literatur

1. Blanchard EB, Veazey CH. Mental disorders resulting from road traffic accidents. *Curr Opin Psychiatry* 2001; 14:143–148.
2. Frommberger UH, Stieglitz RD, Nyberg E, Schlickewei W, Kuner E, Berger M. Prediction of posttraumatic stress disorder by immediate reaction to trauma: a prospective study in road traffic accident victims. *Eur Arch Psychiatry Clin Neurosci* 1998; 248:316–321.
3. Bryant RA. Early predictors of posttraumatic stress disorder. *Biol Psychiatry*, 2003; 53:789–795.
4. Ehlers A, Clark DM. Early psychological interventions for adult survivors of trauma: a review. *Biol Psychiatry* 2003; 53:817–826.
5. Ozer EJ, Best SR, Lipsey TL, Weiss DS. Predictors of posttraumatic stress disorder and symptoms in adults: a meta-analysis. *Psychol Bull* 2003; 129:52–73.
6. Rose S, Bisson J, Churchill R, Wessely S. Rose S, Bisson J, Churchill R, Wessely S. Psychological debriefing for preventing posttraumatic stress disorder (PTSD). In: *The Cochrane Library*, Issue 2, 2005.
7. Mayou RA, Ehlers A, Hobbs M. Psychological debriefing for road traffic accidents. *Br J Psychiatry* 2000; 176:589–593.
8. Bryant RA, Harvey AG, Dang ST, Sackville T, Basten C. Treatment of acute stress disorder: A comparison of cognitive-behavioral therapy and supportive counseling. *J Consult Clin Psychol* 1998; 66:862–866.
9. Bryant RA, Moulds ML, Nixon RDV. Cognitve behavior therapy of acute stress disorder: a four year follow-up. *Behav Res Ther* 2003; 41:489–494.
10. Bryant RA, Moulds M, Guthrie R, Nixon RDV. Treating acute stress disorder following mild traumatic brain injury. *Am J Psychiatry* 2003; 160:585–587.
11. Bisson JI, Shepherd JP, Joy D, Probert R, Newcombe RG. Early cognitive-behavioural therapy for posttraumatic stress symptoms after physical injury. Randomised controlled trial. *Br J Psychiatry* 2004; 184:63–69.

12. Angenendt J, Hecht H, Nowotny-Behrens U, Berger M. Early cognitive behavioral therapy for posttraumatic stress symptoms in subjects after a working place accident (in Vorbereitung).

13. Ehlers A, Clark DM, Hackmann A, McManus F, Fennell M, Herbert C, Mayou R. A randomized controlled trial of cognitive therapy, a self-help booklet, and repeated assessments as early interventions for posttraumatic stress disorder. *Arch Gen Psychiatry* 2003; 60:1024–1032.

14. Stieglitz R-D, Nyberg E, Albert M, Frommberger U, Berger M. Entwicklung eines Screeninginstrumentes zur Identifizierung von Risikopatienten für die Entwicklung einer Posttraumatischen Belastungsstörung (PTB) nach einem Verkehrsunfall. *Z Klin Psychol Psychother* 2002; 31:22–30.

15. Schelling G, Roozendaal B, Quervain de J-F. Can posttraumatic stress disorder be prevented with Glucocorticoids? *Ann N Y Acad Sci* 2004; 1032:158–166.

Soziale Phobien – neue Perspektiven in Ätiologie und Behandlung

Ulrich Stangier
Institut für Psychologie, Friedrich-Schiller-Universität Jena

Einleitung

Soziale Phobien sind durch die Befürchtung gekennzeichnet, dass eigenes Verhalten oder körperliche Symptome von anderen Menschen als peinlich bewertet werden. Die Störung ist bei ca. 4% 1-Jahres-Prävalenz und 7–13% Lebenszeit-Prävalenz sehr verbreitet [1]. Es gibt auch Hinweise auf einen Anstieg der Inzidenz in den letzten Jahrzehnten. Ein früher Beginn (durchschnittliches Erstmanifestationsalter: 14 Jahre), chronischer Verlauf und die hohe Komorbiditätsrate (81%) weisen die Störung als einen sehr wichtigen Risikofaktor für die Entwicklung weiterer psychischer Störungen, insbesondere von Depression und Substanzmissbrauch/-abhängigkeit, aus. Aber auch bei unkomplizierten sozialen Phobien sind die Beeinträchtigungen bezüglich Bildung, Beruf und sozialen Beziehungen enorm. Dennoch wird die Störung selten erkannt und angemessen behandelt [1].

Ätiologie

Es existiert eine Reihe von Ergebnissen zu unterschiedlichen ätiologischen Faktoren, die jedoch noch nicht in einen übergreifenden Rahmen integriert werden konnten. So gibt es wenig Zweifel, dass genetische Faktoren an der Ätiologie der SP beteiligt sind. Die Schätzungen der Heratibilität liegen in einem mittleren Niveau (z.B. 0.48 [2]) und lassen auch einen starken Umwelteinfluss vermuten. Vermutlich sind die gefundenen Hinweise auf genetische Faktoren (z.B. Chromosom 16; [3]) in

Tabelle 1 Merkmale von sozialen Phobien

- Ausgeprägte/anhaltende Befürchtung, etwas Demütigendes oder Peinliches zu tun oder Angstsymptome zu zeigen
  – bei Konfrontation mit unbekannten Personen oder
  – im Mittelpunkt der Aufmerksamkeit anderer stehen
- Konfrontation verursacht fast immer Angst
- Angst wird als subjektiv übertrieben erlebt
- Vermeidung oder Durchstehen der Situation
- Signifikante Beeinträchtigung der Lebensführung oder Leidensdruck
- Ausschluss somatischer Ursachen
- Angst nicht auf organische Krankheit oder psychische Störung bezogen

geringem Maße für eine spezifische Disposition für soziale Ängste verantwortlich, sondern eher für eine generellere Vulnerabilität für Ängstlichkeit bzw. eine erhöhte negative oder verringerte positive Affektivität. Als spezifisch für soziale Phobien werden insbesondere die Temperamentdimensionen der Gehemmtheit (behavioral inhibition) bzw. das Persönlichkeitsmerkmal Schüchternheit angesehen. Auch wenn die Stabilität dieser Dimensionen vergleichsweise gering ist, so zeigen prospektive Langzeitstudien, dass das Risiko für die Entwicklung sozialer Phobien im späteren Leben signifikant erhöht ist [4]. Insgesamt bleibt jedoch festzuhalten, dass die Einflussfaktoren der Umwelt und vor allem die Eltern-Kind-Interaktion, insbesondere elterliche Überbehütung, kulturelle Normen, bedeutsame Lebensereignisse und besonders aversive soziale Erfahrungen (z.B. als Kind von anderen ausgelacht werden) einen signifikanten Anteil an der Entstehung sozialer Phobien haben [5].

Kognitive Modelle beziehen sich vor allem auf die Herausbildung, Chronifizierung und Aufrechterhaltung von sozialen Phobien. So konnte in einer Reihe von Experimenten gezeigt werden, dass die Informationsverarbeitung von sozialphobischen Erkrankten verzerrt wird durch eine hohe Selbstaufmerksam-

Tabelle 2 Differentialdiagnostik der sozialen Phobie [20]

Differentialdiagnosen zu:	**Gemeinsames Merkmal**	**Unterscheidendes Merkmal zu sozialer Phobie**
Depressive Störungen	Soziale Ängste und sozialer Rückzug/Vermeidung; Negatives Selbstbild	Erwartung von Ablehnung stimmungsabhängig, allgemeiner Antriebs-/Interessenverlust (SP: Angst vor Blamage); Selbstabwertung unabhängig von der Bewertung durch andere (SP: abhängig von der Bewertung durch andere)
Agoraphobie	Vermeidung von Situationen mit Menschen	Vermeidung von Hilflosigkeit (SP: vor Blamage/Abwertung)
Panikstörung	Erleben von/Furcht vor Kontrollverlust über Körperreaktionen	Bewertung der Symptome als vitale (SP: soziale) Bedrohung; kardiovaskuläre (SP: sichtbare) Symptome
Generalisierte Angststörung	Sorgen über soziale Situationen	Antizipation (meist nicht-sozialer) katastrophaler Ereignisse (SP: situationsgebundene Erwartung sozialer Abwertung)
Zwangsgedanken	Befürchtung von sozial inakzeptablem Verhalten, Vermeidung von sozialen Situationen, Schamgefühle	Ich-dystoner Verlust der Handlungskontrolle; obszöne Inhalte (SP: Ich-syntone Erwartung von Versagen bei der Erfüllung sozialer Verhaltensstandards)
Körperdysmorphe Störung	Vermeidung u.a. von sozialen Situationen; Schamgefühle	Ablehnung wegen entstelltem Aussehen (SP: wegen peinlichem Verhalten)
Schizophrene Störungen	Sozialer Rückzug/Vermeidung	Grundlegende kognitive Defizite (Verarbeitung komplexer sozialer Reize), Anhedonie, Wahn (SP: übertriebene, aber nachvollziehbare und prinzipiell erfahrungsabhängige/korrigierbare Befürchtungen)

keit, kognitive und verhaltensbezogene Strategien des Sicherheitsverhaltens und bildhafte Vorstellungen des Selbst aus der Beobachterperspektive. Sie gehen auf aversive frühere Erfahrungen des Patienten zurück und stabilisieren seine negativen Grundüberzeugungen, trotz positiver Erfahrungen [6].

Neurobiologische Grundlagen

Die erfolgreiche Anwendung von SSRIs bei sozialen Phobien legt nahe, dass Dysfunktionen des serotonergen oder anderer (z.B. dopaminerger) Neurotransmittersysteme eine wichtige Rolle spielen. Insbesondere nimmt man an, dass bei der sozialen Phobie eine Überempfindlichkeit postsynaptischer Rezeptoren besteht und dass diese vor allem serotonerge Projektionen von Hirnstamm zur Amygdala und zum Frontalkortex mit verstärkten Angstreaktionen verbunden sind. Bislang fehlen jedoch eindeutige Hinweise, die eine solche Dysfunktion belegen [7].

In den letzten Jahren sind einige Studien mit bildgebenden Verfahren zur sozialen Phobie durchgeführt worden, die übereinstimmend zeigen, dass bei Personen mit sozialen Phobien vor allem die Wahrnehmung von Gesichtern mit ärgerlichem Ausdruck – neben einer negativeren emotionalen Bewertung – eine stärkere Aktivierung der Amygdala auslöst als bei Kontrollpersonen [8, 9]. Diese Überaktivität geht bei erfolgreicher Behandlung der sozialen Phobie mit kognitiv-behavioraler Therapie oder Serotonin-Wiederaufnahme-Hemmern wieder zurück [10].

Eine weitere fMRI-Studie [11] zeigte, dass bei Sozialphobikern neben der Amygdala, die für die explizite Verarbeitung von emotionalen Gesichtsstimuli verantwortlich ist, auch die Insula übermäßig aktiviert ist und zwar auch bei aufgabenirrelevanten sozialen Stimuli (schematischen Gesichtern). Welche Rolle die Insula in der Verarbeitung von sozial bedrohlichen Reizen bei sozialen Phobien spielt, ist jedoch noch nicht geklärt. Möglicherweise ist sie an der Wahrnehmung und Bewertung des körperlichen Aktivierungszustandes bei Bedrohungsreizen beteiligt.

Aufmerksamkeitsprozesse sind für die therapeutische Beeinflussung der Furchtreaktionen von großer Bedeutung. Ihre Beeinflussung ist Voraussetzung für die therapeutische Kontrolle von Angstreaktionen. Die neurobiologische Grundlage könnte hierbei der Präfrontal-Cortex bilden, der in enger Verbindung zur Amygdala steht und dessen Aktivität mitsteuert [12]. In einer Therapiestudie zeigten Patienten mit sozialer Phobie, die mit kognitiv-behavioraler Therapie erfolgreich behandelt wurden, eine signifikante Verringerung der präfrontalen Hirnaktivität [10]. Dies könnte darauf hinweisen, dass psychologische Therapieansätze über andere neurobiologische Mechanismen wirksam werden als pharmakologische Behandlungsansätze.

Behandlung

Bislang liegen lediglich für kognitiv-verhaltenstherapeutische Methoden als auch für psychopharmakologische Wirkstoffe systematische Effektivitätsnachweise vor. Frühere Metaanalysen zeigten für kognitiv-behaviorale Therapien insgesamt schwächere Kurzzeit-Effekte, jedoch günstigere Langzeit-Effekte als Benzodiazepine, Serotonin-Wiederaufnahme-Hemmer und reversible Monoamin-Oxydase-Hemmer. Einige aktuelle Studien erbrachten neue Ergebnisse.

Aufbauend auf dem kognitiven Modell, entwickelten Clark und Kollegen einen Therapieansatz, der folgende Elemente enthält: Entwicklung eines idiosynkratischen Modells, Verhaltensexperimente zu Sicherheitsverhalten und Selbstaufmerksamkeit, Videofeedback, In-vivo-Verhaltensexperimente und kognitive Umstrukturierung. Die hohe Effektivität dieses Ansatzes konnte bislang in vier randomisierten Therapiestudien nachgewiesen werden. In zwei Studien wurde nachgewiesen, dass das Therapieprogramm gegenüber einer Kombination von SSRI (Fluoxetin) und Selbst-Exposition sowie Placebo und Selbstexposition überlegen ist [13, 14]. In einer weiteren Therapiestudie war der Ansatz einer Expositions-Therapie (in Kombination mit Training in Angewandter Entspannung nach Öst) und einer Wartelisten-Kontrollgruppe überlegen [15]. Schließlich wurde das

Therapieprogramm in Einzel- und Gruppensetting sowie mit einer Warte-Kontrollbedingung verglichen [16]. Die individuelle Therapie erwies sich als signifikant wirksamer als die Gruppentherapie. Die von Clark erzielten Effektstärken lagen mit $d > 2$ deutlich über den in früheren Metaanalysen ermittelten Effekten für Exposition und kognitiv-behaviorale Therapie von $d = 0.86–1.08$. Die Effekte sind kurzzeitig auch gegenüber den Ergebnissen von SSRIs signifikant günstiger und darüber hinaus auch bis zu den 1-Jahres-Follow-ups stabil gewesen.

Die Kombination von kognitiv-behavioraler Therapie und Fluoxetin wurde in einer randomisierten, doppelblinden placebokontrollierten Studie überprüft [17]. Nach 14 Wochen Behandlung waren die Kombinationsbehandlung wie auch beide Monotherapien der Placebobehandlung überlegen, jedoch fanden sich keine Unterschiede zwischen den drei Behandlungsbedingungen.

Soziale Phobien – *aktuell*

Was ist in?

- Diagnosestellung einer sozialen Phobie und Indikation zur Therapie.
- Multifaktorielle Modelle zur Ätiologie.
- Präfrontalcortex-Amygdala-Interaktion in der funktionellen Bildgebung.
- Kognitive Therapie bei Erwachsenen.
- Kognitiv-behaviorale Therapie bei Kindern.

Was ist out?

- Monokausale Theorien.
- Soziales Kompetenztraining.

Angesichts der frühen Erstmanifestation sind Interventionen im Kindesalter von besonderem Interesse. In Anlehnung an die Erwachsenenbehandlung wurden kognitiv-behaviorale Gruppenprogramme entwickelt, die entwicklungsangepasste, z.T. spielerische Elemente zur kognitiven Umstrukturierung, Exposition und Selbstsicherheitstraining miteinander verbinden. Die Effektivität solcher Programme wurde für unterschiedliche Altersgruppen mehrfach belegt [18]. Eine randomisierte Studie mit Kindern mit Angststörungen, darunter sozialen Angststörungen, zeigte jedoch die Überlegenheit von kognitiv-behavioraler Einzeltherapie gegenüber Gruppentherapie und replizierte damit die Ergebnisse aus einer Erwachsenenstudie [17].

Literatur

1. Wittchen H-U, Fehm L. Epidemiology and natural course of social fears and social phobia. *Acta Psychiatry Scand* 2003; 108 (Suppl. 417): 4–18.
2. Stein MB, Jang KL, Livesley WJ. Heritability of social anxiety-related concerns and personality characteristics: a twin study. *J Nerv Ment Dis* 2002; 190:219–224.
3. Gelernter J, Page GP, Stein MB, Woods SW. Genome-Wide Linkage Scan for Loci Predisposing to Social Phobia: Evidence for a Chromosome 16 Risk Locus. *Am J Psychiatry* 2004; 161:59–66.
4. Biederman J, Hirshfeld Becker D R, Rosenbaum J F, Herot C, Friedman D, Snidman N, et al. Further evidence of association between behavioral inhibition and social anxiety in children. *Am J Psychiatry* 2001; 158:1673–9.
5. Rapee R, Spence SH. The etiology of social phobia: Empirical evidence and an initial model. *Clin Psychol Rev* 2004; 24:737–67.
6. Clark DM, McManus F. Information Processing in Social Phobia. *Biol Psychiatry* 2002; 51:92–100.
7. Mathew SJ, Coplan JD, M Gorman,JM. Neurobiological Mechanisms of Social Anxiety Disorder. *Am J Psychiatry* 2001; 158:1558–67.
8. Tillfors M, Furmark T, Marteinsdottir I, Fischer H, Pissiota A, Langstrom B, Fredrikson M. Cerebral blood flow in subjects with social phobia during stressful speaking tasks: a PET study. *Am J Psychiatry* 2001; 158:1220–6.
9. Stein MB, Goldin PR, Sareen J, Zorrilla LT, Brown GG. Increased amygdala activation to angry and contemptuous faces in generalized social phobia. *Arch Gen Psychiatry* 2002; 59:1027–34.

10. Furmark T, Tillfors M, Marteinsdottir I, et al. Common changes in cerebral blood flow in patients with social phobia treated with citalopram or cognitive-behavioral therapy. *Arch Gen Psychiatry* 2002; 59:425–33.

11. Straube T, Kolassa IT, Glauer M, Mentzel HJ, Miltner WH. Effect of task conditions on brain responses to threatening faces in social phobics: An event-related functional magnetic resonance imaging study. *Biol Psychiatry* 2004; 56:921–30.

12. Davidson R J. Anxiety and Affective Style: Role of Prefrontal Cortex and Amygdala. *Biol Psychiatry* 2002; 51:68–80.

13. Clark D M, Ehlers A, McManus F, et al.. Cognitive therapy vs fluoxetine in generalized social phobia: A randomized placebo controlled trial. *J Consult Clin Psychol* 2003; 71:1058–67.

14. Mörtberg E, Sundin Ö, Berglund G (eingereicht). *Cognitive group therapy, individual therapy and fluoxetine in generalized social phobia.*

15. Clark DM, Ehlers A, Hackmann A, et al. (eingereicht). *Cognitive therapy and exposure plus applied relaxation in the treatment of social phobia.*

16. Stangier U, Heidenreich T, Peitz M, Lauterbach W, Clark DM. Cognitive therapy for Social Phobia: individual versus group treatment. *Behav Res Ther* 2003; 41:991–1007.

17. Davidson JRT, Foa EB, Huppert JD et al. Fluoxetine, Comprehensive Cognitive Behavioral Therapy, and Placebo in Generalized Social Phobia. *Arch Gen Psychiatry* 2004; 61:1005–13.

18. Melfsen S, Osterlow J, Beyer J, Florin I. Evaluation eines kognitiv-behavioralen Trainings für sozial ängstliche Kinder. *Zschr Klin Psych Psychother* 2003; 32:191–9.

19. Manassis K, Mendlowitz S, Scapillato et al. Group and individual Cognitive-behavioral therapy for childhood anxiety disorders: A randomized trial. *Journal of the American Academy fo Child and Adolescent Psychiatry* 2003; 41:1423–30.

20. Stangier U, Ehlers A, Clark D. Soziale Phobie. *Fortschritte der Psychotherapie.* Göttingen, Hogrefe (im Druck).

Neurobiologie der Borderline-Störung

Christian Schmahl
Klinik für Psychosomatik und Psychotherapeutische Medizin, Zentralinstitut für Seelische Gesundheit, Mannheim

In den vergangenen Jahren konnten im Bereich der Borderline-Forschung deutliche Fortschritte erzielt werden. Neben dem Nachweis der Effektivität psychotherapeutischer Behandlungsverfahren, wie z.B. der Dialektisch-Behavioralen Therapie, konnte insbesondere gezeigt werden, dass die Langzeitprognose der Borderline-Störung deutlich besser ist als lange Zeit angenommen [1]. Auch auf dem Gebiet der neurobiologischen Forschung kam es zu interessanten Weiterentwicklungen. Im Folgenden sollen hierzu einige ausgewählte Ergebnisse dargestellt werden: Die Auswirkungen von traumatischem Stress, neuroanatomische Veränderungen bei der Borderline-Störung, Untersuchungen zu Impulsivität und Geschlechtsunterschieden sowie zur Schmerzverarbeitung.

Auswirkungen von traumatischem Stress

Die Prävalenz von Missbrauchserlebnissen bei der Borderline-Persönlichkeitsstörung (BPS) wird auf ungefähr 60–70% eingeschätzt [2]. Daher wird diskutiert, ob die BPS zum Spektrum der so genannten **Trauma-assoziierten Erkrankungen** gezählt werden kann [3]. Dieses Krankheitsspektrum umfasst neben der Posttraumatischen Belastungsstörung (PTBS) auch Störungen mit primär dissoziativer Symptomausprägung, wie etwa die „Dissoziative Identitätsstörung“. Diese Erkrankungen sind gegenüber anderen psychischen Erkrankungen durch deutlich häufigere Erfahrungen von traumatischem Stress (z.B. sexueller und körperlicher Missbrauch) gekennzeichnet. Das klinische Erscheinungsbild dieser Erkrankungsgruppe wird teilweise auf die Auswirkungen dieser traumatischen Lebenserfahrungen zurückgeführt, wobei postuliert wird, dass Überschneidungen zwischen diesen Störungsbildern auf Symptomebene (z.B. erhöhte Dissoziationsneigung) auf Effekte von Stress auf neurobiologische Parameter zurückgeführt werden können [3].

Obwohl die Prävalenz sexuellen und/oder körperlichen Missbrauchs bei der BPS sehr hoch ist, hat nicht jede/r BPS-Patient/in eine Trauma-Anamnese. Dies steht im Gegensatz zur Posttraumatischen Belastungsstörung (PTBS), bei der traumatische Lebensereignisse ein notwendiges diagnostisches Kriterium darstellen. Linehan [4] betont vielmehr allgemein ein sog. „invalidierendes Umfeld" während der Kindheit und Jugend als bedeutsam für die Entwicklung einer BPS. Dieses ist durch Erfahrungen der Nichtbeachtung emotionaler Bedürfnisse, Vernachlässigung sowie Situationen des Verlassenwerdens gekennzeichnet. Diese Erfahrungen könnten eine wichtige Rolle bei der Entstehung der typischen BPS-Symptomatik spielen und evtl. diese Erkrankung von der Posttraumatischen Belastungsstörung abgrenzen.

Auf neurobiologischer Ebene fanden sich während der Erinnerungen an **Situationen des Verlassenwerdens** [5] in der Positronen-Emisssions-Tomographie (PET) bei Patientinnen mit BPS ein gesteigerter Blutfluss im dorsolateralen Kortex sowie ein reduzierter Blutfluss im medialen präfrontalen Kortex (vorderes Cingulum). Der Befund einer Deaktivierung im rechten vorderen Cingulum mit einer damit assoziierten fehlenden Inhibition negativer Emotionen könnte ein neuronales Korrelat von gestörter Affektregulation bei der BPS darstellen. Von besonderer Bedeutung erscheint hierbei die Tatsache, dass diese Störung im vorderen Cingulum während der Erinnerungen an Situationen des Verlassenwerdens (Deaktivierung) noch stärker ausgeprägt zu sein scheint als während der Erinnerungen an Missbrauchs-Situationen (fehlende Aktivierung) [6].

Von entscheidender Bedeutung in der zukünftigen Forschung auf diesem Gebiet wird die Analyse von Gen-Umwelt-Interaktionen sein, wie dies z.B. im Bereich der affektiven Erkrankungen [7; 8] zu wesentlichen Fortschritten auf ätiologischer Ebene geführt hat.

Neuroanatomische Veränderungen bei der BPS

Befunde aus der Tierforschung belegen, dass der Hippocampus extrem empfindlich gegenüber Stress und damit assoziiertem Hypercortisolismus ist [9; 10]. Beim Menschen wurde dieses hypothetische Schädigungsmuster am besten bei Patienten mit PTBS untersucht, und mehrere Untersuchungen konnten eine Verkleinerung des Hippocampus in dieser Patientengruppe nachweisen (zur Übersicht siehe [11]). Die erste mittels Kernspintomographie durchgeführte volumetrische Untersuchung bei Borderline-Patienten ergab eine 16-prozentige Verkleinerung des Hippocampus sowie eine 8-prozentige Amygdala-Verkleinerung im Vergleich zu gesunden Kontrollprobanden [12]. Ähnliche Befunde von Tebartz van Elst und Mitarbeitern [13] sowie von Schmahl und Mitarbeitern [14] konnten diese strukturellen limbischen Veränderungen bestätigen. Eine vierte Studie [15] zeigte ebenfalls Volumenreduktionen von Hippocampus und Amygdala, allerdings war die Verkleinerung der Amygdala statistisch nicht signifikant. Die Hippocampus-Verkleinerung war bei Patienten mit sexuellen Missbrauchserfahrungen besonders ausgeprägt. Mittels eines anderen Verfahrens der strukturellen Bildgebung, der Voxel-basierten Morphometrie, zeigte sich ein Verlust grauer Substanz in der linken Amygdala ohne Unterschiede im Volumen oder der Dichte der grauen und weißen Substanz in anderen Hirnregionen [16]. Insgesamt deuten diese Ergebnisse struktureller Bildgebung darauf hin, dass im Unterschied zur PTBS nicht nur der Hippocampus, sondern auch die Amygdala verkleinert zu sein scheint.

Impulsivität und Geschlechtsunterschiede

In jüngster Vergangenheit wird deutlich, insbesondere in neurobiologischen Zusammenhängen, dass die BPS keine einheitliche nosologische Entität darstellt. Es ist vielmehr davon auszugehen, dass eine Vielzahl von BPS-Subgruppen entlang verschiedener (neurobiologischer) Achsen existiert. Eine entscheidende Frage ist auch, inwiefern es sich bei der BPS bei Männern und Frauen um dieselbe Erkrankung handelt. In diesem Zusammenhang spielt das Phänomen der Impulsivität in Verbindung mit dem serotonergen System eine wichtige Rolle.

Die erste Studie zu Geschlechtsunterschieden bzgl. der serotonergen Funktion bei BPS-Patienten wurde von Soloff und Mitarbeitern [17] durchgeführt. In einer D,L-Fenfluramin-Challengeuntersuchung an 20 Männern und 44 Frauen mit BPS zeigte sich, dass nur bei Männern, nicht aber bei Frauen, eine signifikant reduzierte Prolaktinantwort mit Impulsivität und Aggressivität korreliert war. Daher kann vermutet werden, dass die bei der BPS beobachteten Geschlechtsunterschiede bzgl. impulsiver Aggression durch Unterschiede in der serotonergen Funktion bedingt sind. Allerdings konnte auch bei Frauen mit BPS eine Dysfunktion des serotonergen Systems beobachtet werden: Rinne und Mitarbeiter [18] fanden eine reduzierte Prolaktinantwort nach m-CPP-Gabe bei BPS-Patientinnen. Mittels PET in Kombination mit der Gabe des serotonergen Agonisten m-CPP untersuchten New und Mitarbeiter [19] 27 Männer und 23 Frauen mit BPS. Unter baseline-Bedingungen wiesen BPS-Männer mit körperlicher Aggressivität weniger Aktivität im präfrontalen Kortex und Cingulum auf als BPS-Männer mit verbaler Aggressivität sowie Kontrollprobanden. Nach m-CPP-Gabe zeigten BPS-Männer im Unterschied zu BPS-Frauen eine reduzierte Aktivität im gesamten Frontallappen sowie im linken Cingulum.

Schmerzverarbeitung

Es stellt sich zunehmend heraus, dass ein relativ distinktes Phänomen der BPS die gestörte Schmerzverarbeitung im Zusammenhang mit selbst-verletzendem Verhalten darstellt. Durch eine Untersuchung zu **Schmerzschwellen** [20] konnten frühere Studien zur Schmerzwahrnehmung bei Patienten mit BPS durch eine weitere Methodik bestätigt und ergänzt werden. Die in dieser Studie gefundene Korrelation zwischen Schmerzschwellen und dem Ausmaß dissoziativer Symptomatik bzw. innerer Anspannung erweitert die Untersuchungsbefunde von Bohus und Mitarbeitern [21]; diese Studie hatte bereits unter Ruhebedingungen erhöhte Schmerzschwellen gefunden, welche unter Stress-Bedingungen noch weiter erhöht waren.

Unsere mittels **Laser-evozierter Potentiale (LEP)** erhobenen Befunde einer intakten Korrelation zwischen subjektiven und objektiven Schmerzparametern in Verbindung mit unveränderter räumlicher Diskriminationsleistung weisen darauf hin, dass die sensorisch-diskriminative Schmerzkomponente bei Patientinnen mit BPS intakt ist. Daher kann als Erklärung für die Analgesie bei Patientinnen mit BPS eine Störung der affektiv-motivationalen oder der kognitiven Schmerzkomponente angesehen werden. Aus neuroanatomischer Sicht können diese Schmerzkomponenten im medialen nozizeptiven System lokalisiert werden (mediale Thalamuskerne, Insel, vorderes Cingulum; [22]). Das vordere Cingulum scheint eine entscheidende Rolle in der Verarbeitung der affektiv-motivationalen Schmerzkomponente zu spielen [23; 24; 25]. Darüber hinaus scheint dem dorsolateralen präfrontalen Kortex (DLPFC) eine wichtige Bedeutung im Rahmen der kognitiven Schmerzverarbeitung und der Schmerzkontrolle zuzukommen [26].

Zur genaueren Charakterisierung von neuroanatomischen Korrelaten der Schmerzverarbeitung wurden daher in einer Pilotstudie sieben unmedizierte Patientinnen mit BPS und sieben gesunde Kontrollprobandinnen mittels Hitzeschmerzreizen

Neurobiologie der Borderline-Störung – *aktuell*

Was ist in?

- Untersuchung von neurobiologischen Gemeinsamkeiten und Unterschieden zwischen der BPS und der PTBS, z.B. volumetrische Untersuchungen von Hippocampus und Amygdala.
- Untersuchung von umschriebenen psychopathologischen Phänomenen (z.B. selbstverletzendes Verhalten), Subgruppen und Geschlechtsunterschieden.

Was ist out?

- Betrachtung der Borderline-Störung als rein „psychogen" und ohne neurobiologischen Hintergrund.

Was ist wichtig?

- Analyse von Gen-Umwelt-Interaktionen.
- Analyse der Interaktion von Psychotherapie und Neurobiologie.

und funktioneller Kernspintomographie (fMRI) untersucht [27]. Im Vergleich zu Kontrollprobandinnen fand sich eine gesteigerte Aktivierung im dorsolateralen präfrontalen Kortex sowie eine Deaktivierung im perigenualen ACC und der Amygdala. Dieses Aktivierungsmuster könnte das neuronale Korrelat eines antinozizeptiven Mechanismus bei der BPS darstellen. Weitere Fortschritte sind im Bereich der BPS-Schmerzforschung von der Assoziation von genetischen Befunden mit neurobiologischen (insbesondere Bildgebungs-)Studien zu erwarten. Ein weiteres vielversprechendes Gebiet stellt die Untersuchung des Einflusses von psychotherapeutischer Behandlung auf Parameter der Schmerzverarbeitung dar. In einer ersten Untersuchung auf diesem Gebiet zeigte sich bei Patientinnen, die sich nach erfolgreicher psychotherapeutischer Behandlung (Dialektisch-Behaviorale Psychotherapie) nicht mehr selbst verletzten, eine Normalisierung der Schmerzschwellen (kein signifikanter Unterschied zu gesunden Kontrollprobandinnen); in einer zweiten BPS-Gruppe, die sich weiterhin selbst verletzten, war dies nicht der Fall [28].

Literatur

1. Zanarini MC, Frankenburg FR, Hennen J, Silk KR. The longitudinal course of borderline psychopathology: 6-year prospective follow-up of the phenomenology of borderline personality disorder. *Am J Psychiatry* 2003; 160:274–283.
2. Zanarini MC. Childhood experiences associated with the development of borderline personality disorder. *Psychiatr Clin North Am* 2000; 23(1):89–101.
3. Bremner JD. Does stress damage the brain? Norton, New York, 2002.
4. Linehan MM. Cognitive-Behavioral Treatment of Borderline Personality Disorder. The Guildford Press, New York, 1993.
5. Schmahl CG, Elzinga BM, Vermetten E, Sanislow C, McGlashan TH, Bremner JD. Neural Correlates of memories of abandonment in Women with and without Borderline Personality Disorder. *Biol Psychiatry* 2003; 54:142–151.
6. Schmahl CG, Vermetten E, Elzinga BM, Bremner JD. A PET study of memories of childhood abuse in Borderline Personality Disorder. *Biol Psychiatry* 2004; 55:759–7657.
7. Caspi A, Sugden K, Moffitt TE, Taylor A, Craig IW, Harrington H, McClay J, Mill J, Martin J, Braithwaite A, Poulton R. Influence of life stress on depression: moderation by a polymorphism in the 5-HTT gene. *Science* 2003; 18; 301:386–9.
8. Heinz A, Braus DF, Smolka MN, Wrase J, Puls I, Hermann D, Klein S, Grusser SM, Flor H, Schumann G, Mann K, Buchel C. Amygdala-prefrontal coupling depends on a genetic variation of the serotonin transporter. *Nat Neurosci* 2005; 8:20–21.
9. McEwen BS, Magarinos AM. Stress and hippocampal plasticity: implications for the pathophysiology of affective disorders. *Hum Psychopharmacol* 2001; 16:7–19.
10. Sapolsky RM. Chicken, eggs and hippocampal atrophy. *Nat Neurosci* 2002; 5:1111–1113.

11. Geuze E, Vermetten E, Bremner JD. MR-based in vivo hippocampal volumetrics: 2. findings in neuropsychiatric disorders. *Mol Psychiatry* 2005; 10:160–184.

12. Driessen M, Herrmann J, Stahl K, Zwaan M, Meier S, Hill A, Osterheider M, Petersen D. Magnetic resonance imaging volumes of the hippocampus and the amygdala in women with borderline personality disorder and early traumatization. *Arch Gen Psychiatry* 2000; 57:1115–1122.

13. Tebartz van Elst L, Hesslinger B, Thiel T, Geiger E, Haegele K, Lemieux L, Lieb K, Bohus M, Hennig J, Ebert D. Frontolimbic brain abnormalities in patients with borderline personality disorder: A volumetric magnetic resonance imaging study. *Biol Psychiatry* 2003; 54:163–171.

14. Schmahl CG, Vermetten E, Elzinga BM, Bremner JD. Magnetic Resonance Imaging of Hippocampal and Amygdala Volume in Women with Childhood Abuse and Borderline Personality Disorder. *Psychiatry Res* 2003; 122:109–115.

15. Brambilla P, Soloff PH, Sala M, Nicoletti MA, Keshavan MS, Soares JC. Anatomical MRI study of borderline personality disorder patients. *Psychiatry Res* 2004; 131:125–133.

16. Ruesch N, Tebartz van Elst L, Ludäscher P, Wilke M, Huppertz HJ, Thiel T, Schmahl CG, Bohus M, Lieb K, Hesslinger B, Hennig J, Ebert D. A voxel-based morphometric MRI study in female patients with borderline personality disorder. *Neuroimage* 2003; 20:385–392.

17. Soloff PH, Kelly TM, Strotmeyer SJ, Malone KM, Mann JJ. Impulsivity, gender, and response to fenfluramine challenge in borderline personality disorder. *Psychiatry Res* 2003; 119:11–24.

18. Rinne T, Westenberg HGM, den Boer JA, van den Brink W. Serotonergic blunting to meta-chlorophenylpiperazine (m-CPP) highly correlates with sustained childhood abuse in impulsive and autoaggressive female borderline patients. *Biol Psychiatry* 2000; 47:548–556.

19. New AS, Hazlett EA, Buchsbaum MS, Goodman M, Koenigsberg HW, Iskander L, Mitropoulou V, Siever LJ. M-CPP PET and impulsive aggression in borderline personality disorder. *Biol Psychiatry* 2003; 53: 104.

20. Ludäscher P, Bohus M, Lieb K, Philipsen A, Jochims A, Schmahl CG. Elevated pain thresholds correlate with dissociation and aversive arousal in patients with borderline personality disorder. *Psychiatry Res* im Druck.

21. Bohus M, Limberger MF, Ebner UW, Glocker FX, Schwarz B, Wernz M, Lieb K. Pain perception during self-reported distress and calmness in patients with borderline personality disorder and self- mutilating behavior. *Psychiatry Res* 2000; 95:251–260.

22. Treede RD, Kenshalo DR, Gracely RH, Jones AK. The cortical representation of pain. *Pain* 1999; 79:105–111.

23. Derbyshire SW, Whalley MG, Stenger VA, Oakley DA. Cerebral activation during hypnotically induced and imagined pain. *Neuroimage* 2004; 23:392–401.

24. Price DD. Psychological and neural mechanisms of the affective dimension of pain. *Science* 2000; 288:1769–1772.

25. Rainville P, Duncan GH, Price DD, Carrier B, Bushnell MC. Pain affect encoded in human anterior cingulate but not somatosensory cortex. *Science* 1997; 277:968–971.

26. Lorenz J, Minoshima S, Casey KL. Keeping pain out of mind: the role of the dorsolateral prefrontal cortex in pain modulation. *Brain* 2003; 126:1079–1091.

27. Schmahl CG, Seifritz E. Functional MRI in the assessment of pain in patients with borderline personality disorder. *Biol Psychiatry* 2003; 53:104.

28. Ludäscher P, Schmahl CG, Bohus M, Greffrath W, Treede RD. Pain Perception in Borderline Patients with and without Current Self-Injurious Behavior. *Biol Psychiatry* 2004; 55: 90.

Stalking

Harald Dreßing
Klinik für Psychiatrie und Psychotherapie, Zentralinstitut für Seelische Gesundheit, Mannheim

Was ist Stalking?

Stalking bezeichnet ein Verhaltensmuster, bei dem eine Person einen anderen Menschen ausspioniert, verfolgt, belästigt, bedroht, unter Umständen auch körperlich attackiert und in seltenen Fällen sogar tötet. Durch diese Verhaltensweisen fühlt sich das Opfer des sog. Stalkers in erhebliche Angst versetzt [1].

Welche Stalking-Methoden gibt es, und wie lange kann Stalking dauern?

Es gibt unzählige Methoden, um einen anderen Menschen zu belästigen und zu ängstigen, der perfiden Phantasie sind hier keine Grenzen gesetzt. Typische Verfolgungsweisen von Stalkern bestehen darin, dass sie sich oft stundenlang vor den gewöhnlichen Aufenthaltsorten ihrer Opfer auf die Lauer legen und unerwünschte Kontaktaufnahmen in deren Privatsphäre oder an deren Arbeitsplatz erzwingen. Häufig tätigen Stalker Telefonanrufe und verschicken Briefe oder E-Mails, oftmals auch mit bedrohlichen Inhalten. Manchmal geben sie unter dem Namen und auf Rechnung ihrer Opfer Bestellungen auf oder lancieren gefälschte Annoncen in Zeitungen. Aggressivere Verhaltensweisen beinhalten Sachbeschädigungen wie Beschmieren oder Beschädigen von Eigentum ihres Opfers, am häufigsten Haus oder Auto. Darüber hinaus kann es auch gar nicht so selten zu körperlichen Attacken und sexueller Nötigung kommen. Sogar Tötungsdelikte haben sich im Kontext von Stalking ereignet [2].

Stalking ist meistens ein chronisches Phänomen, das sich häufig über einen Zeitraum von Monaten bis zu Jahren erstrecken kann [3, 4].

Wie häufig ist Stalking?

Bisher gibt es nur wenige Studien, die die Prävalenz von Stalking in repräsentativen Bevölkerungsstichproben untersucht haben. In einer in den USA durchgeführten epidemiologischen Studie gaben 12% der befragten Frauen und 4% der befragten Männer an, dass sie einmal in ihrem Leben Opfer eines Stalkers waren [5]. In einer in England durchgeführten Studie ergab sich eine Lebenszeitprävalenz für das Erleben einer Form von Stalking von 16% bei Frauen und 7% bei Männern [6]. In einem australischen Untersuchungskollektiv gaben 6,1% der befragten Männer und 14,9% der befragten Frauen an, einmal in ihrem Leben Opfer eines Stalkers gewesen zu sein.

In der ersten deutschen Studie zur Häufigkeit von Stalking in der Bevölkerung gaben 11,6% der Befragten an, einmal in ihrem Leben Objekt eines Stalkers gewesen zu sein, wobei hier von Stalking ausgegangen wurde, wenn mindestens zwei unterschiedliche unerwünschte Kontaktaufnahmen für eine Dauer von mindestens 14 Tagen aufgetreten waren und die Betroffenen dabei Angst empfunden hatten. Unter den Stalking-Opfern waren 87,2% Frauen und nur 12,8% Männer [3, 4].

Diese Studienergebnisse verdeutlichen, dass Stalking offensichtlich ein weit verbreitetes Phänomen ist, wobei insbesondere Frauen wesentlich eher Opfer werden als Männer.

Ist Stalking nur lästig oder auch gefährlich?

Die Relevanz von Stalking wird auch dadurch verdeutlicht, dass Stalking der Vorbote erheblicher Gewalttaten sein kann. So fand sich in einer Untersuchung von 141 Frauen, die von ihrem Ex-Partner getötet wurden, bei 76% im Vorfeld Stalking durch den Täter [7].

Auch in unserer eigenen Untersuchung fand sich im Zusammenhang mit Stalking ein hohes Maß an Gewalt [2, 3]. In mehr als einem Drittel der Fälle wurden explizite Drohungen ausgesprochen, und in 30,4% folgten auch tatsächliche Gewalthandlungen (mit Gewalt festhalten, schlagen, mit Waffen attackiert, sexuelle Belästigung und Nötigung).

Das bedeutet, dass man Stalking keineswegs als harmlose Belästigung abtun kann, sondern zumindest in bestimmten Risikokonstellationen als einen Vorboten von Gewalt sehen muss. Auch in anderen Untersuchungen fand sich, dass tatsächlicher Gewaltanwendung von Seiten des Stalkers in 80% der Fälle entsprechende Drohungen vorausgingen [8]. Dies bedeutet, dass Drohungen von Stalkern ernst zu nehmen sind und eine individuelle Risikoanalyse erfolgen muss. In jedem Fall sollten Stalking-Opfer bestimmte Grundregeln beachten (s. Tab. 1).

Tabelle 1 Verhaltensregeln für Stalking-Betroffene

- Nur eine, dafür aber unmissverständliche Erklärung, dass kein Kontakt gewünscht wird.
- Absolutes Ignorieren weiterer Kontaktangebote.
- Herstellen von Öffentlichkeit, d.h. Information von Nachbarn, Kollegen und Freunden.
- Dokumentation aller Vorkommnisse.
- Bei Telefonterror: alte Telefonnummer nicht abmelden, sondern damit die Stalking-Anrufe mit einem Anrufbeantworter aufzeichnen (aber nicht entgegennehmen). Annahme von Gesprächen unter einer Geheimnummer.
- Frühzeitige Anzeige bei der Polizei.

Wer sind die Täter?

Stalker kommen aus allen sozialen Schichten und Altersgruppen. Es gibt sowohl weibliche als auch männliche Täter, wobei etwa 80% der Stalker männlich sind, die meisten zwischen 30 und 40 Jahre alt [9]. Viele Stalker sind arbeitslos bzw. haben aufgrund des sehr zeitaufwändigen Stalking-Verhaltens ihre Arbeitsstelle verloren. Auffällig ist, dass unter ihnen viele Personen sind, die noch nie eine Beziehung hatten oder deren Beziehung gescheitert ist [10]. In einer Gruppe von 145 Stalkern, die im Rahmen eines Strafverfahrens begutachtet wurden, fand sich ein hohes Ausmaß von psychischen Störungen und Erkrankungen. 35% der Stalker hatten eine Alkohol- oder Drogenabhängigkeit, 25% eine affektive Erkrankung, 15% eine Anpassungsstörung, 5% litten unter Schizophrenie, 10% unter wahnhaften Störungen und 5% unter sexuellen Deviationen. Zusätzlich erfüllten 75% noch die diagnostischen Kriterien einer Persönlichkeitsstörung. Am häufigsten fanden sich dissoziale, narzisstische und Borderline-Persönlichkeitsstörungen [11].

Insgesamt ist nach derzeitigem Kenntnisstand davon auszugehen, dass es eine Gruppe von Stalkern gibt, die psychiatrisch erheblich erkrankt ist und bei der das Stalking-Verhalten auch Symptom und Ausdruck ihrer psychischen Erkrankung ist. Die vermutlich größere Gruppe von Stalkern ist zwar psychisch auffällig, in aller Regel aber nicht so gestört, dass sie für ihr Verhalten nicht strafrechtlich verantwortlich gemacht werden könnte. Diese zweite Gruppe von Stalkern ist zwar uneinsichtig im Hinblick auf ihr Fehlverhalten, dies ist aber nicht automatisch mit einer psychischen Störung gleichzusetzen. Eine Verhaltensänderung bei dieser Gruppe ist am ehesten von frühzeitigen und empfindlichen Strafen zu erwarten. Inwieweit Therapieauflagen Erfolg versprechend sind, kann derzeit noch nicht beurteilt werden.

Es gibt verschiedene Versuche, die Stalker nach unterschiedlichen Kriterien zu typologisieren. Eine der bekanntesten Typologien [11] ist in Tabelle 2 dargestellt.

Tabelle 2 Stalker-Typologie nach Mullen [9]

Stalker-Typus	**Beziehung Stalker/Opfer**	**Motivation**	**Risiko für gewalttätiges Verhalten**
Der zurückgewiesene Stalker	Ex-Partner	Liebe/Wut	Hoch
Der Liebe suchende Stalker	Meistens keine reale Beziehung	Wahn	Eher niedrig bis mittel
Der inkompetente Stalker	Oberflächliche Bekanntschaft	Beziehungswunsch, sexueller Kontakt	Eher niedrig
Der Rache suchende Stalker	Oft professioneller Kontakt	Rache	Eher niedrig
Der beutelüsterne Stalker	Zufälliges Opfer	Sexueller Übergriff	Hoch

Der zurückgewiesene Stalker hat eine frühere, in der Regel intime Beziehung zu seinem Opfer und beginnt seine Verfolgung, nachdem diese Beziehung zerbrochen ist. Die Motivation für die Stalking-Verhaltensweisen sind Rache und/oder Hoffnung auf Wiederherstellung der Beziehung. Im Hinblick auf Drohungen und aggressive Übergriffe besteht bei diesem Typus ein hohes Risiko. Häufig gibt der Täter das Stalking erst auf, wenn er eine neue, befriedigende Beziehung findet.

Der Liebe, Nähe und Zuwendung suchende Stalker wünscht sich eine Beziehung mit seinem Opfer. Nicht selten verkennt der Täter die Realität völlig und geht im Rahmen eines Liebeswahns davon aus, dass sein Opfer ihn selbst auch liebe. Dieser Typus negiert Zurückweisungen der betroffenen Opfer oder interpretiert sie sogar im Rahmen des Liebeswahns als versteckte Zeichen der Wertschätzung. Da die Motivation für das Stalking auf Liebe und Zuwendung ausgerichtet ist, finden sich selten Drohungen oder aggressive Übergriffe, wobei diese natürlich auch nicht völlig auszuschließen sind und sogar seltene Tötungsdelikte vorkommen können.

Der Typus des inkompetenten Stalkers zeigt eine geringe soziale Kompetenz, er ist unerfahren in der Anbahnung und Aufrechterhaltung von Beziehungen, sucht aber nach Kontakt. Da der inkompetente Stalker in der Mehrzahl der Fälle mit seinen „Kontaktversuchen“ nicht erfolgreich ist, gibt er das Stalking nach kürzerer Zeit wieder auf, um sich einem neuen Opfer zuzuwenden. Tatsächlich aggressives Verhalten oder die Umsetzung der Drohungen in die Realität sind bei diesem Typus die Ausnahme.

Der Rache suchende Stalker verfolgt seine Opfer aufgrund eines tatsächlich oder vermeintlich erlittenen Unrechts. Das erklärte Ziel dieses Typus ist es, sein Opfer in Angst und Schrecken zu versetzen. Dieser Typus fühlt sich selbst als das Opfer eines erlittenen Unrechts und will dafür Rache nehmen. Häufiger sind es professionelle Kontakte, die zu einem rachemotivierten Stalking führen. So können z.B. vermeintliche Behandlungsfehler oder falsch verstandene Kontaktangebote in Therapien ein Motiv sein. Insgesamt ist davon auszugehen, dass eine Tätigkeit im psychiatrisch-psychotherapeutischen Bereich mit einem höheren Risiko verbunden ist, von Stalking betroffen zu werden. Die bei diesem Typus fast obligatorisch auftretenden Drohungen sind nicht allzu häufig von tatsächlich gewalttätigem Verhalten gefolgt.

Der beutelüsterne Stalker plant einen sexuellen Übergriff auf sein Opfer. Im Vorfeld verfolgt er sein Opfer, späht es aus und entwickelt Fantasien. Dieser Typus will unerkannt bleiben, deshalb sind Drohungen eher selten. Das Risiko, dass diesen Stalking-Verhaltensweisen ein gewaltsamer sexueller Übergriff folgt, ist als sehr hoch einzuschätzen.

Es gibt eine Reihe weiterer Einteilungsversuche, wobei jedoch keine der vorgestellten Typologien bisher generelle Akzeptanz gefunden hat [1].

Es zeigt sich jedoch immer deutlicher, dass insbesondere die Beziehung zwischen Täter und Opfer sehr bedeutsam ist, sowohl im Hinblick auf das Verständnis der zugrunde liegenden Motivation für das Stalking, als auch auf eine Risikoeinschätzung zukünftiger Gefährlichkeit des Stalkers.

Unabhängig von den unterschiedlichsten Typologien zeigen die bisher vorliegenden Studien übereinstimmend, dass sich die mit Abstand größte Gruppe der Stalker aus Ex-Partnern des Opfers rekrutiert. Diese Konstellation findet sich in fast 50% der Fälle [3, 4]. Besonders bei dieser Konstellation ist auch mit manifesten Gewalthandlungen seitens des Stalkers zu rechnen.

Welche Auswirkungen hat Stalking auf die Opfer?

Stalking kann für die betroffenen Opfer eine chronische Stresssituation darstellen, der sie sich kaum entziehen können. Da viele Stalking-Verhaltensweisen auch oft sehr unvermittelt für die Opfer auftreten, können sie psychotraumatisch wirken und körperliche und seelische Krankheitszustände auslösen und unterhalten. In Opferstudien fanden sich bei der Mehrzahl der Betroffenen erhebliche gesundheitliche Beeinträchtigungen (Schlafstörungen, Müdigkeit und Antriebslosigkeit, Appetitstörungen, Kopfschmerzen, chronische Übelkeit, Ängstlichkeit). Nicht selten finden sich auch Symptome einer posttraumatischen Belastungsstörung [8, 12]. Gehäuft finden sich auch Depressionen und Angststörungen [13, 14].

In einer eigenen Studie [3, 4] zeigte sich, dass Stalking-Opfer in ihrem aktuellen psychischen Befinden, im Vergleich zu einer Kontrollgruppe, signifikant beeinträchtigt waren. Im WHO-Well-Being-Index wiesen sie kritische Werte auf, die eine depressive Störung nahe legten. Im Patient Health Questionnaire hatten die Stalking-Opfer in allen untersuchten Skalen aus den Bereichen Depressivität, somatische Symptome, Angstsymptome und allgemeine Stressbelastung deutlich höhere Ausprägungen als Nichtbetroffene [15].

Stalking – *aktuell*

Was ist in?

- Stalking ist ein häufiges Phänomen und kann potentiell jeden betreffen.
- Bestimmte Formen des Stalkings sind mit einem hohen Risiko für gewalttätiges Verhalten assoziiert.
- Eine individuelle Risikoanalyse ist notwendig und möglich und muss vorhandenes empirisches Wissen einbeziehen.
- Stalking-Betroffene zeigen eine signifikant höhere psychiatrische Morbidität, besonders häufig sind Panikstörungen, depressive Syndrome und posttraumatische Stresserkrankungen.

Was ist out?

- Wer gestalkt wird, ist selbst daran schuld.
- Stalking ist eine neue psychiatrische Krankheit.
- Stalking ist ein „Kavaliersdelikt".

Literatur

1. Dreßing H, Gass P. Stalking – vom Psychoterror zum Mord. *Der Nervenarzt* 2002; 73:1112–1115.
2. Dreßing H. Aktueller Forschungsstand zu Stalking. In: Dreßing H & Gass P. (Hrsg): *Stalking – Verfolgung, Bedrohung, Belästigung,* Verlag Hans Huber, Bern, Göttingen, Toronto, Seattle, 2005.
3. Dreßing H, Kuehner C, Gass P. Prävalenz von Stalking in Deutschland. *Psychiatrische Praxis* 2005; 32:73–78.
4. Dreßing H, Kuehner C, Gass P. Lifetime Prevalence and Impact of Stalking in a European Population: Epidemiological Data from a middle-sized German City. *British Journal of Psychiatry* 2005; 187:168–172.
5. Tjaden P, Thoennes N. Stalking in America: findings from the National Violence Against Women Survey, *Center for Policy Research* 1998; Denver (CO).

6. Budd T, Mattinson J (2000). The extent and nature of stalking: Findings from the 1998 *British Crime Survey*. London: Home Office.

7. Dreßing H, Gass P. Stalking – vom Psychoterror zum Mord. *Der Nervenarzt* 2002; 73:1112–1115.

8. McFarlane JM, Campbell JC, Wilt S. Stalking and intimate partner femicide. *Homicide Studies* 1999; 3:300–316.

9. Mullen PE, Pathé M. The pathological extensions of love. *British Journal of Psychiatry* 1994; 165:614–623.

10. Spitzberg BH. The tactical topography of stalking victimization and management. *Trauma Violence & Abuse* 2002; 3:261–288.

11. Meloy JR. Stalking: An old behaviour, a new crime. *Psychiatric Clinics of North America* 1999; 22:85–99.

12. Mullen PE, Pathé M, Purcell R, Stuart GW. Study of stalkers. *American Journal of Psychiatry* 1999; 156:1244–1249.

13. Kamphuis JHE & Emmelkamp PMG. Traumatic distress among support-seeking female victims of stalking. *American Journal of Psychiatry* 2001; 158:795–798.

14. Blaauw E, Winkel FW, Arensman E, Sheridan L, Freeve A. The toll of stalking: The relationship between features of stalking and psychopathology of victims. *Journal of Interpersonal Violence* 2002; 17:50–63.

15. Kühner C, Weiß M. Gesundheitliche Folgen von Stalking und Möglichkeiten der Therapie für Stalking-Opfer. In: Dreßing H, Gass P (Hrsg.): *Stalking – Verfolgung, Bedrohung, Belästigung*, Verlag Hans Huber, Bern, Göttingen, Toronto, Seattle, 2005.

Aufmerksamkeitsdefizit-Hyperaktivitätsstörung (ADHS) des Erwachsenenalters

Alexandra Philipsen
Abteilung Psychiatrie und Psychotherapie, Universitätsklinikum Freiburg

Die Aufmerksamkeitsdefizit-Hyperaktivitätsstörung (ADHS) im Erwachsenenalter war im deutschsprachigen Raum bis Ende der 90er Jahre nahezu unbekannt. ADHS wurde bis dahin meist als eine mit zunehmendem Alter „ausheilende“ Störung des Kindes- und Jugendalters aufgefasst. Verlaufsstudien haben verdeutlicht, dass sich die ADHS keineswegs mit dem 18. Lebensjahr „auswächst“, sondern die Häufigkeit der ADHS im Erwachsenenalter mit ca. 2% angegeben werden muss [1, 2]. Dabei werden doppelt so viele Männer im Erwachsenenalter als erkrankt diagnostiziert.

Symptomatik

Nach den Diagnose-Kriterien von DSM-IV und ICD-10 beginnt ADHS definitionsgemäß im frühen Kindesalter. Es gibt jedoch bei einer kleinen Subgruppe auch Hinweise auf einen späteren Beginn in der Adoleszenz [3]. Beim Übergang in das Erwachsenenalter bleiben die Symptome unter einem Symptomwandel in jeweils altersspezifischer Ausprägung bestehen. Die Störung kann leicht ausgeprägt sein und erscheint dann eventuell nur als Variante „normaler“ Persönlichkeitsmerkmale („sprunghaft, temperamentvoll“), sie kann aber auch den Schweregrad einer Krankheit mit erheblicher Beeinträchtigung der Lebensführung erreichen. Erwachsene mit ADHS zeichnen sich einerseits durch Kreativität, Lebendigkeit und Spontanität aus. Andererseits gelten sie als unberechenbar und unzuverlässig und leiden oft selbst erheblich unter ihrer Ablenkbarkeit, inneren Unruhe, Impulsivität, ihren ausgeprägten Stimmungsschwankungen und den entsprechenden Auswirkungen auf ihr Selbstbild und ihre sozialen Beziehungen. Das Ausmaß der Beeinträchtigung ist geprägt durch den Schweregrad, die Komorbidität und die jeweiligen sozialen Bedingungen.

Diagnostik

Weder die ICD-10 der WHO (1992) noch das DSM-IV der APA (1994) führen spezifische Kriterien für ADHS im Erwachsenenalter auf. Speziell für das Erwachsenenalter wurden die Utah-Kriterien der ADHS entwickelt [4], nach denen Patienten für die Diagnosestellung Symptome der Aufmerksamkeitsstörung und Hyperaktivität mit mindestens zwei weiteren Symptomen aus den Bereichen Affektlabilität, Desorganisation, mangelnde Affektkontrolle, Impulsivität und emotionale Überreagibilität aufweisen müssen. Die deutschsprachigen Leitlinien [5] bevorzugen keines der international gebräuchlichen Diagnosesysteme (www.dgppn.de/stellungnahmen). Es ist zu fordern, dass bei der Diagnosestellung genannt wird, auf welches System man sich bezieht.

Wie bei anderen psychischen Störungen existieren bis heute weder „Bluttests“, bildgebende Untersuchungen, Fragebogen oder testpsychologische Untersuchungen, die die Diagnose beweisen. Die Symptome sollten nach den Diagnosekriterien aber bereits im Kindesalter vorhanden gewesen sein und entsprechend retrospektiv anhand von Rating-Skalen systematisch erfasst werden (z.B. Wender-Utah Rating Scale [6]).

Komorbidität

Im Bereich der Erwachsenenpsychiatrie und -psychotherapie ist die hohe Rate an komorbiden Störungen von besonderer klinischer Bedeutung (z.B. Sucht, affektive Störungen, Angst- und Persönlichkeitsstörungen [7]). ADHS kann daher auch als ein „Risikofaktor“ für andere psychische Störungen angesehen werden [8, 9]. Im Kindesalter sind komorbide Schlafstörungen seit langem bekannt. Die Studienlage ist jedoch nicht einheitlich

[10]. Am häufigsten ließen sich eine erhöhte Anzahl nächtlicher periodischer Beinbewegungen replizieren. In einer kürzlich erschienenen ersten kontrollierten Studie bei Erwachsenen mit ADHS ließ sich dieser Befund neben einer reduzierten subjektiven Schlafqualität bestätigen [11].

Zusatz- und Ausschlussdiagnostik

Einige somatische Erkrankungen können eine ADHS imitieren und müssen daher ausgeschlossen werden (z.B. Hyperthyreose, Anfallsleiden, Restless-Legs-Syndrom, Vigilanzstörungen bei Schlafstörungen, organische Hirnerkrankungen, Medikamente, Drogen). Es muss daher eine internistische und neurologische Untersuchung zur Ausschlussdiagnostik durchgeführt werden. Die Leitlinien empfehlen zusätzlich eine Untersuchung der Schilddrüsenwerte und die Durchführung eines EEG [5]. Bei Hinweisen auf somatische Erkrankungen schließen sich dann weiterführende Zusatzuntersuchungen nach Bedarf an.

Ursachen der ADHS

Familien-, Adoptions- und Zwillingsuntersuchungen haben gezeigt, dass die ADHS bei einem Großteil der Patienten vererbt wird (die Heredität wird auf ca. 70–80% geschätzt). Dabei sind mehrere Gene, insbesondere das Dopaminrezeptor-D4- und D5-Gen sowie Dopamin- und Serotonintransportergene, beteiligt [12]. Stimulanzien (Methylphenidat) und selektive Noradrenalin-Wiederaufnahmehemmer wirken positiv auf die ADHS-Symptome und sprechen ebenfalls für eine Störung des Katecholaminsystems (v.a. Dopamin).

Bildgebende Untersuchungen (z.B. MRT, PET, SPECT) zeigten u. a. eine Störung im fronto-striatalen Regelkreis sowie verminderte zerebelläre Volumina (z.B. im Bereich des Vermis). Interessant sind vor allem neuere bildgebende Befunde (SPECT) bei Erwachsenen mit ADHS, die eine erhöhte Dopamintransporterdichte im Striatum ergaben, welche sich unter Medikation mit Methylphenidat normalisiert. Dabei scheint die erhöhte Dopamintransporterdichte auch ein positiver Prädiktor für das Ansprechen auf Methylphenidat zu sein. Dazu passen Befunde von Rauchern mit ADHS, die im Vergleich zu Nichtrauchern mit ADHS eine geringere striatale Dopamintransporterdichte aufwiesen. Dies könnte ein Beleg für eine ähnliche Wirkung von Nikotin und Methylphenidat auf die striatalen Dopamintransporter und eine Erklärung für die häufige Selbstmedikation mit Nikotin von Menschen mit ADHS sein [Übersicht in 13].

Therapie

Aus der Diagnose einer ADHS leitet sich nicht zwangsläufig eine Behandlungsnotwendigkeit ab. Die Leitlinien empfehlen eine Behandlung im Sinne einer multimodalen Therapie, bestehend aus Medikation und Psychotherapie, dann, wenn bei der sicheren klinischen Diagnose einer ADHS entweder starke Beeinträchtigungen in mindestens einem Lebensbereich oder leichte Beeinträchtigungen in mindestens zwei Lebensbereichen bestehen und wenn diese Beeinträchtigungen sicher durch ADHS verursacht sind [5]. Stehen komorbide Störungen (z.B. Depression, Sucht) im Vordergrund, sollten diese zuerst behandelt werden (antidepressive Medikation, Entzugsbehandlung). Eine ergänzende psychotherapeutische Behandlung empfiehlt sich, da im Erwachsenenalter oft nicht die Basissymptome, sondern vielmehr die sekundären psychosozialen Folgen und die komorbiden Störungen im Vordergrund stehen.

Pharmakotherapie

Bis heute ist in Deutschland kein Medikament zur Behandlung der ADHS im Erwachsenenalter zugelassen („Off-Label-Use"). Nach den deutschsprachigen Leitlinien gilt die Behandlung mit Methylphenidat als Medikation erster Wahl. Eine 2004 erschienene Metaanalyse aller doppelblinden, placebokontrollierten Untersuchungen zur Wirksamkeit von Methylphenidat bei ADHS im Erwachsenenalter ergab Effektstärken von 0,9 (bzw. 1,3 bei höherer Dosierung) [14]. Die Wirksamkeit ist damit als sehr gut zu beurteilen und vergleichbar mit der im Kindesalter.

Alternativ werden bei Kontraindikationen oder Nebenwirkungen von Methylphenidat häufig Antidepressiva mit noradrenerger Wirkkomponente eingesetzt (z.B. Reboxetin, Venlafaxin). Diese Praxis wird untermauert durch die Ergebnisse einer kürzlich erschienenen kontrollierten Studie zur Wirksamkeit von Bupropion, einem Noradrenalin- und Dopamin-Wiederaufnahmehemmer [15], und Studien zur Wirksamkeit von Atomoxetin bei ADHS im Erwachsenenalter [16]. Atomoxetin ist seit 2005 zur Behandlung der ADHS im Kindesalter in Deutschland zugelassen.

Stimulanzien und Sucht

Studien zum Einsatz von Stimulanzien bei Jugendlichen ergaben ein um 85% reduziertes Risiko, später eine Substanzabhängigkeit zu entwickeln [17]. Die Gabe von Stimulanzien bei komorbider Sucht im Erwachsenenalter wird sehr kontrovers diskutiert, und Studien z.B. zum Kokainkonsum unter Methylphenidat ergaben widersprüchliche Ergebnisse. In der Praxis werden meist noradrenerg wirksame Antidepressiva bei komorbider Sucht eingesetzt. Weitere Untersuchungen sind erforderlich.

Psychotherapie

Zur Wirksamkeit einer psychotherapeutischen Behandlung der ADHS im Erwachsenenalter gab es bis 2002 keine veröffentlichten kontrollierten Studien.

Erste Pilotuntersuchungen zu störungsspezifischen Psychotherapieansätzen mit kleinen Fallzahlen [18, 19, 20] zeigten positive Effekte. Aufgrund überlappender Symptome der ADHS im Erwachsenenalter und der Borderline-Persönlichkeitsstörung (BPS) lehnt sich das Freiburger Konzept an das Fertigkeitentraining der BPS nach M. Linehan an und wird in

ADHS des Erwachsenenalters – *aktuell*

Was ist in?

- Neurobiologische Untersuchungen zur Pathophysiologie der ADHS.
- Epidemiologische Untersuchungen zur ADHS bei Erwachsenen.

Was ist out?

- Zweifel an der Existenz der ADHS im Erwachsenenalter.
- Sucht durch Medikation mit Stimulanzien.

Was wird gebraucht?

- Vergleichende kontrollierte Langzeitstudien zur Wirksamkeit von Stimulanzien und noradrenerg wirksamen Substanzen bei ADHS im Erwachsenenalter.
- Kontrollierte Untersuchungen zur Wirksamkeit von störungsspezifischen psychotherapeutischen Behandlungsverfahren bei ADHS im Erwachsenenalter.
- Untersuchungen zu Praediktoren zur psychopharmakologischen und psychotherapeutischen Response.
- Untersuchungen zu protektiven Faktoren und Risikofaktoren für die Persistenz der ADHS ins Erwachsenenalter bzw. für den Übergang in die Borderline-Persönlichkeitsstörung.

ambulanten, wöchentlichen Gruppensitzungen durchgeführt (Zielsymptome: emotionale Instabilität, Impulsivität, Desorganisiertheit, süchtiges Verhalten, gestörte Selbstachtung [21]). Gegenwärtig wird dieses Gruppenkonzept im Multicenterdesign weiter evaluiert.

Literatur

1. Wilens TE, Biederman J, Spencer TJ. Attention Deficit/Hyperactivity Disorder Across The Lifespan. *Annu Rev Med* 2002; 53:113–131.
2. Steinhausen HC. Attention-deficit hyperactivity disorder in a life perspective. *Acta Psychiatr Scand* 2003; 107:321–322.
3. Hesslinger B, Mochan F, Tebartz van Elst et al. Attention deficit hyperactivity disorder in adults – early versus late onset in a retrospective study. *Psych Res* 2003; 119:217–223.
4. Wender PH. Die Aufmerksamkeitsdefizit-/Aktivitätsstörung im Erwachsenenalter. *Psycho* 2000; 26:190–198.
5. Ebert D, Krause J, Roth-Sackenheim C. ADHS im Erwachsenenalter – Leitlinien auf der Basis eines Expertenkonsensus mit Unterstützung der DGPPN. *Nervenarzt* 2003; 74:939–946.
6. Ward MF, Wender PH, Reimherr FW. The Wender Utah Rating Scale: an aid in the retrospective diagnosis of childhood attention deficit hyperactivity d. *Am J Psychiatry* 1993; 150:885–890.
7. Biederman J. Impact of comorbidity in adults with attention-deficit/hyperactivity disorder. *J Clin Psychiatry* 2004; 65:3–7.
8. Brown TE (Editor). Attention-Deficit Disorders and Comorbidities in Children, Adolescents, and Adults. Washington DC: *American Psychiatric Press*; 2000.
9. Ebert D, Berger M, Hesslinger B. ADHS als Risikofaktor für Dissozialität und Persönlichkeitsstörungen. *MMW Fortschr Med* 2002; 47:1005–1007.
10. Cohen-Zion M, Ancoli-Israel S. Sleep in children with attention-deficit hyperactivity disorder (ADHD): a review of naturalistic and stimulant intervention studies. *Sleep Med Rev* 2004; 8:379–402.
11. Philipsen A, Feige B, Hesslinger B. Sleep in Adults with Attention Deficit/Hyperactivity Disorder: A Controlled Polysomnographic Study including Spectral Analysis of the Sleep *EEG. SLEEP* 2005; 28, (in press).
12. Bobb AJ, Castellanos FX, Addington AM et al. Molecular genetic studies of ADHD: 1991 to 2004. *Am J Med Genet B Neuropsychiatr Genet* 2005; 132:109–25.
13. Krause J & Krause KH. ADHS im Erwachsenenalter, 2. Auflage. Stuttgart, Schattauer, 2005.
14. Faraone SV, Spencer T, Aleardi M. Meta-analysis of the efficacy of methylphenidate for treating adult attention-deficit/hyperactivity disorder. J *Clin Psychopharmacol* 2004; 24:24–9.

15. Wilens TE, Haight BR, Horrigan JP. Bupropion XL in adults with attention-deficit/hyperactivity disorder: a randomized, placebo-controlled study. *Biol Psychiatry* 2005; 57:793–801.

16. Adler LA, Spencer TJ, Milton DR. Long-term, open-label study of the safety and efficacy of atomoxetine in adults with attention-deficit/hyperactivity disorder: an interim analysis. *J Clin Psychiatry* 2005; 66:294–9.

17. Wilens TE, Faraone SV, Biederman J. Does stimulant therapy of attention deficit/hyperactivity disorder beget later substance abuse? A meta-analytic review of the literature. *Pediatrics* 2003; 111:179–185.

18. Stevenson CS, Whitmont S, Bornholt L et al. A cognitive remediation programme for adults with Attention Deficit Hyperactivity Disorder. *Aust N Z J Psychiatry* 2002; 36: 610–616.

19. Hesslinger B, Tebartz van Elst L, Nyberg E et al. Psychotherapy of attention deficit hyperactivity disorder in adults – A pilot study using a structured skills training program. *Eur Arch Psychiatry Clin Neurosci* 2002; 252:177–184.

20. Safren SA, Otto MW, Sprich S et al. Cognitive-behavioral therapy for ADHD in medication-treated adults with continued symptoms. *Behav Res Ther* 2005; 43:831–842.

21. Hesslinger B, Philipsen A, Richter H. *Psychotherapie der ADHS im Erwachsenenalter – Ein Arbeitsbuch*. Göttingen, Hogrefe, 2004.

Traumatisierung und Deeskalation in psychiatrisch-psychotherapeutischen Kliniken

Tilman Steinert
Zentrum für Psychiatrie Weissenau, Abteilung Psychiatrie der Universität Ulm

Traumatisierungen bei Patienten

Die Begegnung von Patienten, insbesondere solchen mit psychotischen Störungen, mit psychiatrischen Institutionen kann traumatisierend verlaufen – für beide Seiten. In den ersten 2 Jahren des Krankheitsverlaufs von Patienten mit Schizophrenie wurden bei einer eigenen Studie 41,6% der Patienten zwangseingewiesen oder mittels Gerichtsbeschluss in der Klinik untergebracht, bei 5,1% erfolgte eine Fixierung, bei 21,9% eine Isolierung, 37,2% waren mit der Polizei konfrontiert, und gegen 9,5% wurde eine Strafanzeige erstattet [1]. Insgesamt sind ca. 8–9% der in pflichtversorgenden psychiatrischen Krankenhäusern behandelten Patienten von Zwangsmaßnahmen betroffen [2]. Ca. 5% der stationär behandelten Patienten erhalten Medikamente unter Zwang, wobei wiederum Patienten mit schizophrenen und bipolaren Störungen in signifikanter Häufung betroffen sind [3]. Dabei handelt es sich oft um aversive Erfahrungen mit den behandelnden Institutionen, welche überwiegend genau jene Patientengruppen betreffen, bei denen die Compliance als maßgeblich für den Langzeitverlauf betrachtet wird. Therapiebedingte Traumatisierungen betreffen mit an schizophrenen und bipolaren Störungen erkrankten Patienten eine Population, die über besonders schlechte Coping-Strategien verfügt, bei der bereits eine erhöhte Lifetime-Prävalenz von biografischen Traumatisierungen anzutreffen ist und von der in einer Häufigkeit von 29 bis 43% eine Komorbidität mit posttraumatischen Belastungsstörungen berichtet wird

[4]. Frühere biografische Traumatisierungen sind bei Patienten mit Schizophrenie nicht nur gehäuft anzutreffen, sondern in den letzten Jahren sogar als Risikofaktor für die Entstehung der Erkrankung quasi wiederentdeckt worden [5]. Menschen mit einer genetisch und biografisch bedingten erhöhten Vulnerabilität, Stressempfindlichkeit und ungenügenden Bewältigungsstrategien können demnach bei stationärer psychiatrischer Behandlung unter ungünstigen Umständen, d.h. durch notwendig erscheinende Therapiemaßnahmen ohne Zustimmung des Patienten, eine zusätzliche sekundäre Traumatisierung erfahren, die sogar zur Ausbildung posttraumatischer Belastungsstörungen führen kann [6, 7].

Traumatisierungen bei Professionellen

Aber auch Mitarbeiter und Mitarbeiterinnen in psychiatrisch-psychotherapeutischen Institutionen können traumatisierenden Erfahrungen durch gewalttätige Übergriffe von Patienten ausgesetzt sein. Etwa ein Drittel aller Ärzte und Psychologen und vermutlich noch mehr Pflegepersonen sind im Lauf ihrer beruflichen Laufbahn von ernsthaften Angriffen von Patienten betroffen. Ein Viertel gab bei einer Befragung an, im Verlauf der letzten 12 Monate körperlich angegriffen worden zu sein [8]. Männer sind dabei signifikant häufiger betroffen als Frauen, Todesfälle kommen vor [9]. Gewalttätige Patientenübergriffe wurden bei einer Übersicht über 55 Studien aus 12 Ländern in einer Häufigkeit von 7,6 pro Bett und Jahr berichtet mit einer beträchtlichen Variation von 0,4 bis 59. Bei einer Beschränkung auf überwiegend geschlossen geführte Aufnahmestationen (n = 38) betrug der Durchschnittswert 9,3 mit einer immer noch beträchtlichen Varianz, wobei Deutschland eher im unteren Bereich liegt. Sichtbare körperliche Folgen treten bei 10–20% der erfassten Übergriffe auf, somatische ärztliche Behandlung ist in 1–5% der Fälle erforderlich [10]. Psychische Folgen bei den Opfern von Patientenübergriffen sind in erster Linie unmittelbare Reaktionen wie Angst und

Ärger. Mittel- und langfristige Folgen mit Symptomen einer posttraumatischen Belastungsstörung werden ebenfalls häufig beschrieben. Die voll ausgebildete Symptomatik einer posttraumatischen Belastungsstörung kommt vor, aber offenbar eher selten [11, 12].

Deeskalation

Nachdem dieses zweiseitige Problem der Gefahr gewaltbedingter Traumatisierungen, welches lange Zeit unterschätzt oder sogar geleugnet worden war, mittlerweile in seinen Dimensionen hinreichend bekannt ist, ist ein adäquater professioneller Umgang mit den dadurch entstehenden Herausforderungen zum integralen Bestandteil der stationären Behandlung geworden. Während etwa die USA einerseits in den Krankenhäusern Schutzmaßnahmen für ihre Mitarbeiter verbindlich vorsehen [13] und andererseits gesetzlich vorschreiben, bei Zwangsmaßnahmen in der Patientenbehandlung jeweils das „least restrictive measure" anzuwenden [14], wird dies in Deutschland bisher eher als freiwillige Selbstverpflichtung im Sinne eines Qualitätsmerkmals angesehen [15]. Für die Prävention von Gewalt und Zwang und damit beiderseitigen Traumatisierungen werden heute drei Grundpfeiler als wesentlich angesehen [16].

Erstens haben sich all diejenigen Behandlungsformen als sinnvoll erwiesen, die unter dem Begriff „partnerschaftliche" Behandlung subsummiert werden können. Dies betrifft nicht nur spezielle Aspekte wie Behandlungsvereinbarungen, Trialog-Veranstaltungen, weitgehende Öffnung der Türen usw., sondern auch eine generelle Grundhaltung, die mittlerweile auch Eingang in die Fachbegriffe gefunden hat: „Compliance" wird zunehmend ersetzt durch „Adherence" und „Concordance", aus Patienten wurden teilweise „Kunden", „Klienten" oder „Service User". Letztere waren bei der kürzlich publizierten Leitlinie des britischen NICE zum Umgang mit gewalttätigen Verhaltensweisen konsequenterweise auch maßgeblich beteiligt [17]. Deeskalierend wirken verlässliche Arzt-Patienten-Beziehungen, nebenwirkungsarme Psychopharmakotherapie, Beachtung der Traumatisierungsproblematik in der Diagnostik und ggf. Therapie und die strikte Beachtung von humanitären Gesichtspunkten und Patientenbedürfnissen bei Zwangsmaßnahmen, sofern sie unumgänglich sind. Entsprechende klinikinterne Leitlinien sind dabei hilfreich und korrelieren mit niedrigeren Raten von Zwangsmaßnahmen [18].

Der **zweite** Grundpfeiler der Gewaltprävention ist die konsequente und frühzeitige Behandlung psychischer Störungen. Dazu gehören bei psychotischen Störungen eine frühzeitige und adäquate psychopharmakologische Therapie, aber auch alle Maßnahmen der Entstigmatisierung psychisch Erkrankter und der Behandlungsinstitutionen mit dem Ziel, eine niedrigschwellige Aufnahme einer Behandlung zu ermöglichen.

Der **dritte** Pfeiler der Gewaltprävention in psychiatrisch-psychotherapeutischen Institutionen, der in den letzten Jahren starke Beachtung gefunden hat, sind systematische Deeskalationstrainings. Deren Wirksamkeit wurde kürzlich in einer systematischen Literaturübersicht untersucht [19], wobei allerdings eindeutige Erkenntnisse über die spezifische Wirksamkeit einzelner Elemente dieser Trainings bisher ebenso fehlen wie differenzielle Erkenntnisse über die qualitativen und quantitativen Auswirkungen der Trainings auf die Patientenübergriffe einerseits und Zwangsmaßnahmen andererseits. Trotz hoher subjektiver Zufriedenheit der Teilnehmer konnte eine Reduktion der Inzidenz beider Arten von Vorfällen bisher nicht konsistent nachgewiesen werden. Auch hinsichtlich des notwendigen zeitlichen Umfangs und der Frequenz solcher Trainingsmaßnahmen fehlt bisher empirische Evidenz ebenso wie bezüglich der notwendigen Inhalte in Anpassung an unterschiedliche Settings (Akutpsychiatrie, Gerontopsychiatrie,

Traumatisierung und Deeskalation – *aktuell*

Was ist in?

- Deeskalationstrainings für alle Mitarbeiter einer Station
- Leitlinien zum Umgang mit Gewalt und Zwang
- Adäquater Umgang mit Gewalt und Zwang als Qualitätsindikator

Was ist out?

- Verleugnung, Tabuisierung, individuelle Schuldzuschreibung
- Einseitig paternalistische Arzt-Patienten-Beziehung
- Psychiatrie als Subkultur mit eigenen Gesetzen

Was wird gebraucht?

- Versorgungsepidemiologische Daten
- Allgemein anerkannte und verbindliche Leitlinien
- Evaluationsforschung für Deeskalationsmaßnahmen
- Qualitativ hochwertige Studien mit dem Ziel einer partiell evidenzbasierten Ethik für die Behandlung psychisch erkrankter Menschen

Pflegeheim usw.). Ungeklärt ist auch, ob sich das Ziel der Primärprävention, die Senkung der Inzidenz von Traumatisierungen (nicht nur von Vorfällen), auf diesem Weg erreichen lässt.

Literatur

1. Steinert T, Wiebe C, Gebhardt RP. Aggressive behavior against self and others among first-admission patients with schizophrenia. *Psychiatr Serv* 1999; 50:85–90.

2. Steinert T, Baur M. Erfassung und Reduktion von Zwangsmaßnahmen im psychiatrischen Krankenhaus. *Psychiat Prax* 2004; 31, Suppl. 1:18–20.

3. Finzen A, Haug HJ, Beck A, Lüthy D. Hilfe wider Willen. Zwangsmedikation im psychiatrischen Alltag. *Psychiatrie-Verlag,* Bonn, 1993.

4. Resnick S, Bond GR, Mueser KT. Trauma and posttraumatic stress disorder in people with schizophrenia. *J Abnorm Psychol* 2003; 112:415–423.

5. Janssen I, Krabbendam L, Bak M. et al. Childhood abuse as a risk factor for psychotic experiences. *Acta Psychiatr Scand* 2004; 109:38–45.

6. Priebe S, Bröker M, Gunkel S. Involuntary admission and posttraumatic stress disorder symptoms in schizophrenia patients. *Compr Psychiatry* 1998; 39:220–224.

7. Meyer H, Taiminen T, Vuori T et al. Post-traumatic stress disorder symptoms related to psychosis and acute involuntary hospitalisation in schizophrenic and delusional patients. *J Nerv Mental Dis* 1999; 187:343–352.

8. Steinert T, Beck M, Vogel WD, Wohlfahrt A. Gewalttätige Patienten – ein Problem für Therapeuten an psychiatrischen Kliniken? *Nervenarzt* 1995; 66:207–211.

9. Poster E, Ryan JC . Violence at work – at risk of assault. *Nurs Times* 1993; 89:30–33.

10. Nijman HLI, Palmstierna T, Almvik R, Stolker JJ. Fifteen years of research with the Staff Observation Aggression Scale – a review. *Acta Psychiatr Scand* 2005; 111:12–21.

11. Needham I, Abderhalden C, Halfens RJG, Fischer JE, Dassen T. Non-somatic effects of patient aggression in nurses: A systematic literature review. *J Adv Nurs* 2005; 49:283–296.

12. Caldwell MF. Incidence of PTSD among staff victims of patient violence. *Hosp Comm Psychiatry* 1992; 43:898–899.

13. Appelbaum PS, Dimieri RJ.Protecting staff from assaults by patients: OSHA steps in. *Psychiatr Serv* 1994; 46:333–334, 338.

14. (Editorial) Legislation to regulate use of restraints and seclusion in mental health facilities introduced in congress. *Psychiatr Serv* 1999; 50:715–716.

15. Ketelsen R, Zechert C et al. Entwicklung eines Kooperationsmodells zwischen 3 psychiatrischen Kliniken mit dem Ziel der Qualitätssicherung bei Zwangsmaßnahmen am Beispiel der Fixierungsdokumentation. *Psychiat Prax* 2001; 28:69–74.

16. Steinert T: Reduzierung von Gewalt und Zwang an psychiatrischen Kliniken. *Krankenhauspsychiatrie* 2000; 11:53–59.

17. www.nice.org.uk/CG025publicinfo

18. Martin V, Kuster W, Baur M et al. Die Inzidenz von Zwangsmaßnahmen als Qualitätsindikator in psychiatrischen Kliniken. Probleme der Datenerfassung und -verarbeitung und erste Ergebnisse. *Psychiat Prax* 2005 (im Druck).

19. Richter D. Effekte von Trainingsprogrammen zum Aggressionsmanagement in Gesundheitswesen und Behindertenhilfe: Systematische Literaturübersicht. *Im Auftrag der Berufsgenossenschaft für Gesundheitsdienste und Wohlfahrtspflege,* Hamburg, 2005.

Stigma

Nicolas Rüsch
Abteilung Psychiatrie und Psychotherapie, Universitätsklinikum Freiburg

Menschen mit psychischen Erkrankungen stehen häufig vor einer doppelten Schwierigkeit. Einerseits müssen sie die Symptome ihrer Erkrankung bewältigen, andererseits führen gesellschaftliche Missverständnisse zu Stigma [1]. Beispielsweise kann eine Frau mit Schizophrenie, die ihre Erkrankung ausreichend gut bewältigt, um arbeiten zu können, dennoch von ihrem Arbeitgeber entlassen werden, nur weil er von ihrer Erkrankung erfahren hat (ein Beispiel öffentlicher Stigmatisierung). Als zusätzliche Komplikation können Betroffene, die die verbreiteten Vorurteile gegen sie kennen, diese gegen sich wenden, was zu vermindertem Selbstwertgefühl führt und als Selbststigmatisierung bezeichnet wird. Auch Institutionen, Firmen etc. können in ihren Praktiken und Regelungen Menschen mit psychischen Erkrankungen benachteiligen (was strukturelle Diskriminierung genannt wird). Das Stigma psychischer Erkrankung ist ein Problem, dessen Bedeutung – leider – nicht nachgelassen hat: Der Wunsch nach sozialer Distanz von Menschen mit Schizophrenie nahm in Westdeutschland zwischen 1990 und 2001 zu [2]. Auch Ärzte und andere im psychiatrisch-psychotherapeutischen Bereich Tätige sind nicht frei von stigmatisierendem Verhalten, was ihre Patienten und die therapeutische Beziehung erheblich belasten kann [3, 4].

Hauptformen von Stigmatisierung

Öffentliche Stigmatisierung

Stigma besteht im Wesentlichen aus folgenden drei Elementen [5, 6]: Stereotypen, Vorurteilen und Diskriminierung. Stereotypen sind in einer Gesellschaft allgemein verbreitete Gemeinplätze über eine soziale Gruppe wie etwa „Psychisch Kranke sind gefährlich". Zu Vorurteilen kommt es, wenn Menschen einem solchen Stereotyp zustimmen und eine entsprechende emotionale Reaktion zeigen („Ja, das stimmt! Irre sind gefährlich und machen mir Angst"). Diskriminierung ist Verhalten als Folge eines solchen Vorurteils („Ich vermiete meine Wohnung nicht an Sie, denn ich will mit Irren nichts zu tun haben!"). Diskriminierung kann erst dann ihre Wirkung entfalten, wenn diskriminierende Personen oder Gruppen gegenüber Mitgliedern der stigmatisierten Minderheit in einer Machtposition sind. Verbreitete Stereotypen über Menschen mit psychischen Erkrankungen, die auch in den Medien häufig wiederholt werden [7], sind: Sie sind gefährliche Irre, die man meiden sollte; sie sind rebellische Freigeister, über die autoritär entschieden werden muss; sie müssen wie Kinder umsorgt werden.

Selbststigmatisierung

Zu Selbststigmatisierung kommt es, wenn ein Mitglied der stigmatisierten Gruppe die Vorurteile gegen sich kennt, ihnen zustimmt und sie gegen sich wendet („Ich bin psychisch krank und kann deshalb kein selbständiges Leben führen"). Auch Selbststigma beruht daher auf den Elementen Stereotypen, (Selbst-)Vorurteilen und (Selbst-)Diskriminierung. Eine häufige Folge sind vermindertes Selbstwertgefühl und Selbstwirksamkeit [8]. In einer neueren Studie zeigte sich, dass die Erfahrung von Diskriminierung zu Studienbeginn, unabhängig von klinischer Symptomatik, zu vermindertem Selbstwertgefühl nach zwei Jahren führte, während umgekehrt anfänglich vermindertes Selbstwertgefühl keinen Einfluss auf die spätere

Wahrnehmung von Diskriminierung hatte [9]. Stigmatisierung scheint also, unabhängig von klinischer Symptomatik, das Selbstwerterleben von Menschen mit psychischen Erkrankungen nachhaltig zu beeinträchtigen. Auch negative Emotionen wie Scham sind eine häufige Folge von Stigmatierungserfahrungen, was allerdings noch zu wenig erforscht ist [10]. Aktuelle Forschungen belegen, dass Menschen mit psychischen Erkrankungen ähnlich stark ausgeprägte negative Vorurteile gegen sich haben wie Mitglieder der Allgemeinbevölkerung und zwar sowohl explizit (in Fragebögen) als auch implizit (im Implicit Association Test, der über Reaktionszeiten automatisierte Stereotypen erfasst) [11]. Solche Befunde deuten beunruhigenderweise darauf hin, dass Menschen mit psychischen Erkrankungen, anders als Mitglieder anderer diskriminierter Gruppen, vermutlich keinen protektiven „in-group bias" haben, der ihr Selbstwertgefühl stärken und sie vor Selbststigma schützen könnte.

Strukturelle Diskriminierung

Strukturelle Diskriminierung bedeutet, dass Praktiken öffentlicher oder privater Einrichtungen die Rechte stigmatisierter Minderheiten absichtlich oder unabsichtlich einschränken können. Beispiele struktureller Diskriminierung sind gesetzliche Regelungen oder Ressourcenverteilungen in den Sozialsystemen, die Menschen mit psychischen Erkrankungen gegenüber somatisch Erkrankten benachteiligen [12, 13]. Zu struktureller Diskriminierung kann es kommen, auch ohne dass sich einzelne Personen diskriminierend verhalten.

Folgen von Stigmatisierung

Persönliche Reaktion auf Stigmatisierung

Betroffene und ihr Umfeld können sehr unterschiedlich auf öffentliche Stigmatisierung reagieren. Einige reagieren mit Selbststigma; andere dagegen halten Stigma für ungerecht, reagieren mit berechtigter Empörung und engagieren sich beispielsweise in Selbsthilfegruppen, ohne unter vermindertem Selbstwertgefühl zu leiden. Warum die Reaktionen auf Stigma so unterschiedlich ausfallen (was auch als „Paradox von Selbststigma und psychischer Erkrankung“ bezeichnet wurde), wird gegenwärtig erforscht. Ein Modell von Corrigan und Kollegen [8], nach dem die Überzeugung, dass Stigma unfair ist, sowie eine starke Identifikation mit der Gruppe von Menschen mit psychischen Erkrankungen vor Selbststigma schützen, konnte in einer ersten empirischen Überprüfung teilweise bestätigt werden [14]: Die Einschätzung der Betroffenen, dass ihre Stigmatisierung als psychisch krank ungerechtfertigt sei, zeigte einen deutlichen Zusammenhang mit intaktem Selbstwertgefühl. Zusätzlich zu den in diesem Modell genannten Faktoren können andere Variablen wie Depressivität, Krankheitseinsicht und soziale Wahrnehmung die Entstehung von Selbststigma bei Menschen mit psychischen Erkrankungen beeinflussen.

Individuelle Bewältigungsversuche

Menschen mit psychischen Erkrankungen machen häufig die Erfahrung, stigmatisiert zu werden, und erwarten daher diese Stigmatisierung auch [15]. Sie können darauf defensiv oder offensiv reagieren. Erstere Reaktion besteht in dem Versuch, die eigene Erkrankung geheim zu halten und sich von stigmatisierenden Personen zurückzuziehen. Dieser Bewältigungsversuch führt häufig zu sozialer Isolation und einem ungünstigen Krankheitsverlauf. Andere Betroffene versuchen, ihr Umfeld über ihre Erkrankung zu informieren. Dies kann zu gesteigertem Selbstwertgefühl, verringerter Belastung durch die Geheimhaltung der Erkrankung sowie günstigenfalls zu größerer sozialer Unterstützung führen. Das Umfeld kann jedoch auch mit Ablehnung und Stigmatisierung reagieren, weshalb die Offenlegung gut überlegt sein sollte [16].

Vermeidung von Behandlung aus Furcht vor Stigma

Anders als beispielsweise Angehörige vieler ethnischer Minderheiten tragen Menschen mit psychischen Erkrankungen ein stigmatisiertes Merkmal, das meist nicht offensichtlich ist. Erst eine Etikettierung als „psychisch krank" führt deshalb regelmäßig zu öffentlicher Stigmatisierung. Ursache einer solchen Etikettierung ist häufig eine psychiatrisch-psychotherapeutische Behandlung. Viele Menschen mit psychischen Erkrankungen entscheiden sich deshalb, Behandlungen und die aus ihnen folgende Etikettierung als „psychisch krank" zu vermeiden, auch um den Preis eines ohne Behandlung meist schlechteren Krankheitsverlaufs [17]. Stigma ist deshalb eine Ursache dafür, dass Behandlungen oft nicht begonnen oder vorzeitig abgebrochen werden [18].

Maßnahmen gegen Stigma und seine Konsequenzen

Psychotherapeutische Strategien gegen Selbststigmatisierung

Bei jedem Patienten sollten Erfahrung und Erwartung öffentlicher Stigmatisierung sowie Selbststigmatisierung thematisiert und bearbeitet werden. Strategien kognitiv-behavioraler Psychotherapie sind geeignet, Selbstvorurteile und Selbstdiskriminierungen abzubauen. Auch eine mögliche Offenlegung der eigenen Erkrankung kann abgewogen und geübt werden. Bislang liegen allerdings noch keine kontrollierten Studien über den Effekt von Psychotherapie auf Selbststigma vor.

Strategien gegen öffentliche Stigmatisierung

Weltweit sind verschiedenste Gruppen im Kampf gegen das Stigma psychischer Erkrankungen aktiv, u.a. seit 1996 in einem Programm der World Psychiatric Association (www.openthe doors.com). Beispiele aus Deutschland sind „BASTA – das Bündnis für psychisch erkrankte Menschen" in München (www.openthedoors.de) und „Irrsinnig Menschlich e.V." in Leipzig (www.irrsinnig-menschlich.de). Diese Anti-Stigma-Initiativen betreiben u.a. gemeinsam mit Betroffenen Aufklärungsarbeit an Schulen und machen auf stigmatisierende Medienberichte und Werbekampagnen aufmerksam.

Es gibt drei Hauptstrategien, gegen Stigma vorzugehen: Protest, Edukation und Kontakt [19]. Protest ist in erster Linie geeignet, um gegen stigmatisierende öffentliche Darstellungen vorzugehen, etwa in Medienberichten oder der Werbung. Doch ist Protest in erster Linie eine reaktive Strategie, und persönliche Einstellungen lassen sich so kaum verändern. Edukation dagegen hat zum Ziel, Stigma durch Information zu verringern. In verschiedensten Zielgruppen wurden Edukationsprogramme erfolgreich durchgeführt, allerdings sind Dauer und Stärke der Effekte begrenzt. Edukationsprogramme, die psychische Erkrankungen einseitig als „genetisch“ oder „neurologisch“ darstellen, erscheinen problematisch. Denn neurobiologische Krankheitsmodelle scheinen eher zu einem Wunsch nach größerer Distanz gegenüber Menschen mit psychischen Erkrankungen zu führen [2, 20], vermutlich weil die Erkrankten sich dadurch aus Sicht der Bevölkerungsmehrheit „beinahe in eine andere Spezies“ verwandeln [21, 22].

Die Kontakt-Strategie besteht darin, Begegnungen zwischen Betroffenen und Mitgliedern der Allgemeinbevölkerung zu ermöglichen, bei denen es zu einem möglichst persönlichen und formlosen Austausch kommt. Solcher Kontakt erwies sich in zahlreichen Studien als wirksame und nachhaltige Strategie gegen Stigma. Dabei kann Kontakt gut mit Edukation verbunden werden. Beispielsweise verringerten sich unter Schülern Vorurteile gegenüber Menschen mit psychischen Erkrankungen deutlich, nachdem Betroffene Schulklassen in formlosen Gesprächen von ihren Erfahrungen berichtet hatten [23].

Bei allen Anti-Stigma-Initiativen ist zu berücksichtigen, dass Initiativen, die sich auf bestimmte Zielgruppen wie etwa Schüler oder Arbeitgeber beschränken, nur einen umschriebenen Effekt haben können. Auch Gesetze, die Menschen mit psychischen Erkrankungen vor Diskriminierung schützen sollen, reichen alleine nicht aus, denn sie können, etwa von Arbeitgebern, umgangen werden. Sie könnten sogar ungewollt negative Folgen haben, da Betroffe-

Stigma – *aktuell*

Was ist out?

- Die Auffassung, dass die Stigmatisierung von Menschen mit psychischen Erkrankungen im Lauf der letzten Jahrzehnte nachgelassen habe.
- Der Mythos, dass Psychiater, Psychotherapeuten und andere Behandler Menschen mit psychischen Erkrankungen nicht stigmatisieren.
- Die Hoffnung, dass neurobiologische Krankheitsmodelle helfen, Stigmatisierung zu verringern.

Was ist in?

- Psychotherapeutische Ansätze bei Selbststigma.
- Erkennen struktureller Diskriminierung und Gegenmaßnahmen.

Welche Fragen müssen geklärt werden?

- Warum nimmt die Stigmatisierung von Menschen mit psychischen Erkrankungen in westlichen Gesellschaften zu?
- Wer entwickelt wann und warum Selbststigma?
- Wie begegnet man (Selbst-) Stigma bei Kindern und Jugendlichen?
- Wie kann der negative Einfluss von Stigma auf Behandlungsteilnahme erklärt und verringert werden?
- Wie lassen sich stigmatisierende Einstellungen unter Behandlern verringern?

ne, wegen der mit dem Beschäftigungsverhältnis verbundenen Auflagen, beispielsweise von Arbeitgebern erst recht nicht mehr eingestellt werden könnten. Das Ziel sollte deshalb sein, die Einstellungen der gesamten Bevölkerung gegenüber Menschen mit psychischen Erkrankungen zu verbessern. Nur so werden sich die erheblichen Belastungen durch Stigma für die Betroffenen nachhaltig verringern.

Literatur

1. Rüsch N, Angermeyer MC, Corrigan PW. Das Stigma psychischer Erkrankung: Konzepte, Formen und Folgen. *Psychiatrische Praxis* 2005; 32:221–232.
2. Angermeyer MC, Matschinger H. Causal beliefs and attitudes to people with schizophrenia. Trend analysis based on data from two population surveys in Germany. *British Journal of Psychiatry* 2005; 186:331–334.
3. Gray AJ. Stigma in psychiatry. *Journal of the Royal Society of Medicine* 2002; 95(2):72–76.
4. Lauber C, Anthony M, Ajdacic-Gross V, Rössler W. What about psychiatrists' attitude to mentally ill people? *European Psychiatry* 2004; 19(7):423–427.
5. Link BG, Phelan JC. Conceptualizing stigma. *Annual Review of Sociology* 2001; 27:363–385.
6. Corrigan PW. The impact of stigma on severe mental illness. *Cognitive & Behavioral Practice* 1998; 5(2):201–222.
7. Corrigan PW, Watson AC, Gracia G, Slopen N, Rasinski K, Hall LL. Newspaper stories as measures of structural stigma. *Psychiatr Serv* 2005; 56(5):551–556.
8. Corrigan PW, Watson AC. The paradox of self-stigma and mental illness. Clinical *Psychology: Science & Practice* 2002; 9(1):35–53.
9. Link BG, Struening EL, Neese-Todd S, Asmussen S, Phelan JC. Stigma as a barrier to recovery: The consequences of stigma for the self-esteem of people with mental illnesses. *Psychiatric Services* 2001; 52(12):1621–1626.
10. Link BG, Yang LH, Phelan JC, Collins PY. Measuring mental illness stigma. *Schizophrenia Bulletin* 2004; 30(3):511–541.
11. Teachman BA, Wilson JG, Komarovskaya I. Implicit and explicit stigma of mental illness in diagnosed and healthy samples. *Journal of Social and Clinical Psychology* (in press).
12. Matschinger H, Angermeyer MC. The public's preferences concerning the allocation of financial resources to health care: Results from a representative population survey in Germany. *European Psychiatry* 2004; 19(8):478–482.
13. Corrigan PW, Markowitz FE, Watson AC. Structural levels of mental illness stigma and discrimination. *Schizophrenia Bulletin* 2004; 30(3):481–491.

14. Rüsch N, Lieb K, Bohus M, Corrigan PW. Personal response of women with mental illness to public stigma: Self-stigma, empowerment, and the role of perceived legitimacy. *Psychiatric Services* (in press).

15. Angermeyer MC. Das Stigma psychischer Krankheit aus der Sicht der Patienten – Ein Überblick. *Psychiatrische Praxis* 2003; 30(7):358–366.

16. Corrigan PW, Matthews AK. Stigma and disclosure: Implications for coming out of the closet. *Journal of Mental Health* 2003; 12(3):235–248.

17. Corrigan PW, Rüsch N. Mental illness stereotypes and clinical care: Do people avoid treatment because of stigma? *Psychiatric Rehabilitation Skills* 2002; 6(3):312–334.

18. Sirey JA, Bruce ML, Alexopoulos GS, Perlick DA, Raue P, Friedman SJ, Meyers BS. Perceived stigma as a predictor of treatment discontinuation in young and older outpatients with depression. *American Journal of Psychiatry* 2001; 158(3):479–481.

19. Corrigan PW, Penn DL. Lessons from social psychology on discrediting psychiatric stigma. *American Psychologist* 1999; 54(9):765–776.

20. Dietrich S, Beck M, Bujantugs B, Kenzine D, Matschinger H, Angermeyer MC. The relationship between public causal beliefs and social distance to mentally ill people. *The Australian and New Zealand Journal of Psychiatry* 2004; 38(5):348–354.

21. Mehta S, Farina A. Is being „sick“ really better? Effect of the disease view of mental disorder on stigma. *Journal of Social & Clinical Psychology* 1997; 16(4):405–419.

22. Phelan JC. Genetic bases of mental illness – a cure for stigma? *Trends in Neurosciences* 2002; 25(8):430–431.

23. Schulze B, Richter-Werling M, Matschinger H, Angermeyer MC. Crazy? So what! Effects of a school project on students' attitudes towards people with schizophrenia. *Acta Psychiatrica Scandinavica* 2003; 107(2):142–150.

Herausgeber- und Autorenverzeichnis

Prof. Dr. Mathias Berger
Universitätsklinikum Freiburg
Abteilung für Psychiatrie und Psychotherapie
Hauptstraße 5
79104 Freiburg

Priv.-Doz. Dr. Michael Deuschle
Klinik für Psychiatrie und Psychotherapie
Zentralinstitut für Seelische Gesundheit – J5
68159 Mannheim

Priv.-Doz. Dr. Harald Dreßing
Klinik für Psychiatrie und Psychotherapie
Zentralinstitut für Seelische Gesundheit – J5
68159 Mannheim

Marie Kristin Hauenstein
Universitätsklinikum Freiburg
Abteilung für Psychiatrie und Psychotherapie
Hauptstraße 5
79104 Freiburg

Dr. Heide Hecht
Universitätsklinikum Freiburg
Abteilung für Psychiatrie und Psychotherapie
Hauptstraße 5
79104 Freiburg

Prof. Dr. Christoph Hock
Psychiatrische Universitätsklinik
Abteilung für Psychiatrische Forschung
Lenggstraße 31
CH-8029 Zürich

Priv.-Doz. Dr. Michael Hüll
Universitätsklinikum Freiburg
Abteilung für Psychiatrie und Psychotherapie
Hauptstraße 5
79104 Freiburg

Prof. Dr. Falk Kiefer
Zentralinstitut für Seelische Gesundheit
Klinik für Abhängiges Verhalten und Suchtmedizin – J5
68159 Mannheim

Prof. Dr. Klaus Lieb
Universitätsklinikum Freiburg
Abteilung für Psychiatrie und Psychotherapie
Hauptstraße 5
79104 Freiburg

Dr. Sabine Loeber
Zentralinstitut für Seelische Gesundheit
Klinik für Abhängiges Verhalten und Suchtmedizin – J5
68159 Mannheim

Prof. Dr. Karl Mann
Zentralinstitut für Seelische Gesundheit
Klinik für Abhängiges Verhalten und Suchtmedizin – J5
68159 Mannheim

Dr. Roger M. Nitsch
Psychiatrische Universitätsklinik
Abteilung für Psychiatrische Forschung
Lenggstraße 31
CH-8029 Zürich

Dr. Claus Normann
Universitätsklinikum Freiburg
Abteilung für Psychiatrie und Psychotherapie
Hauptstraße 5
79104 Freiburg

Dr. Alexandra Philipsen
Universitätsklinikum Freiburg
Abteilung für Psychiatrie und Psychotherapie
Hauptstraße 5
79104 Freiburg

Dr. Nicolas Rüsch
Universitätsklinikum Freiburg
Abteilung für Psychiatrie und Psychotherapie
Hauptstraße 5
79104 Freiburg

Prof. Dr. Thomas Schläpfer
Universitätsklinikum Bonn
Klinik und Poliklinik für Psychiatrie und Psychotherapie
Sigmund-Freud-Straße 25
53105 Bonn

Dr. Christian Schmahl
Zentralinstitut für Seelische Gesundheit
Klinik für Abhängiges Verhalten und Suchtmedizin – J5
68159 Mannheim

Dr. Elisabeth Schramm
Universitätsklinikum Freiburg
Abteilung für Psychiatrie und Psychotherapie
Hauptstraße 5
79104 Freiburg

Prof. Dr. Ulrich Stangier
Friedrich-Schiller-Universität Jena
Klinisch-psychologische Intervention
Institut für Psychologie
Humboldtstraße 11
07743 Jena

Prof. Dr. Tilman Steinert
Zentrum für Psychiatrie Die Weissenau
Abteilung Psychiatrie I der Universität Ulm
Postfach 2044
88190 Ravensburg

Priv.-Doz. Dr. Ulrich Voderholzer
Universitätsklinikum Freiburg
Abteilung für Psychiatrie und Psychotherapie
Hauptstraße 5
79104 Freiburg

FSC
www.fsc.org
MIX
Papier | Fördert
gute Waldnutzung
FSC® C083411

Kolibri 360 GmbH
Ferdinand-Jühlke-Straße 7
99095 Erfurt, Deutschland
produktsicherheit@kolibri360.de